더 잘할 수 없을 만큼
잘하고 있는 너에게

더 잘할 수 없을 만큼
잘하고 있는 너에게

- 초판 1쇄 인쇄 2025년 6월 9일
- 초판 1쇄 발행 2025년 6월 16일

- 지은이 장희연
- 펴낸이 조유선
- 펴낸곳 누가출판사
- 등록번호 제315-2013-000030호
- 등록일자 2013. 5. 7
- 주소 서울시 강서구 공항대로 59다길 276(염창동)
- Tel 02-826-8802, Fax 02-6455-8805
- 정가 16,000원
- ISBN 979-11-85677-92-7 03230

* 파본은 교환해 드립니다.
* 이 출판물은 저작권법에 의해 보호를 받는
  저작물이므로 무단 복제할 수 없습니다.
* 독자의 의견을 기다립니다.
* sunvision1@hanmail.net

우리가 살아가는 삶 속에서 마주치는 수많은 도전과 고난, 그리고 그 사랑 안에서의 힘과 위로

더 잘할 수 없을 만큼 잘하고 있는 너에게

장희연 지음

차례

추천의 글 • 8
서문 • 16

1장 잘하고 있는 너

하나님이 지으신 그대로의 너	• 18
비교하지 않아도 괜찮아	• 20
작은 것에도 기뻐하는 삶	• 22
하나님의 계획 안에 있는 너	• 24
실수해도 괜찮아, 하나님은 너를 안아주셔	• 26
혼자라고 느낄 때도 하나님은 함께 계셔	• 28
믿음으로 한 걸음씩	• 30
너의 가치, 하나님 안에서 빛난다	• 32
네 안에 있는 힘, 하나님이 주신 용기	• 34
오늘을 살아가는 힘, 하나님의 은혜	• 36
사랑은 세상을 변화시키는 힘 1	• 38
끝까지 포기하지 말고, 하나님의 계획을 믿어라	• 40
하나님의 사랑을 실천하는 삶	• 42
하나님의 은혜로 변화된 삶	• 45
하나님의 인도하심 속에서	• 47
하나님과 깊은 관계에서의 성장	• 50
하나님의 인도하심을 따른 삶	• 52
하나님의 사랑에 응답하는 삶	• 54

하나님 안에서의 평안과 기쁨	• 57
하나님 안에서의 참된 자유	• 60
하나님의 뜻을 발견하는 법	• 62
하나님께서 주신 인내의 중요성	• 65
하나님께서 주신 평안	• 67
하나님께서 주신 은혜	• 70
하나님께서 주신 용서	• 73
하나님께서 주신 사랑	• 75
하나님의 계획	• 78
하나님의 은혜	• 80
하나님의 사랑	• 82
하나님을 경외하는 마음	• 85

2장 내가 너를 안다

인내의 힘	• 88
감사의 삶	• 91
하나님의 계획과 우리의 삶	• 94
믿음과 순종	• 96
하나님의 시간과 우리의 시간	• 98
하나님의 은혜와 우리의 반응	• 100
하나님의 인도하심과 우리의 신뢰	• 102
하나님의 사랑과 우리의 반응	• 104
하나님의 인내와 우리의 기다림	• 106
하나님이 주시는 평안과 우리의 마음의 쉼	• 108
하나님의 뜻을 구하는 삶과 순종	• 110
하나님의 사랑과 그 사랑의 깊이	• 112
믿음의 여정과 그 과정에서의 성장	• 114
하나님의 인도하심과 그분의 뜻을 따르는 삶	• 116
하나님의 계획과 우리의 삶	• 119

믿음의 여정	• 121
사랑의 본질	• 123
기도가 주는 힘	• 125
하나님의 계획	• 128
은혜의 깊이	• 130
순종의 길	• 132
인내의 열매	• 134
감사의 힘	• 136
겸손의 아름다움	• 138
사랑의 실천	• 140
믿음의 시련을 넘어서	• 142
인내의 결과	• 144
하나님의 은혜	• 146
사랑의 행동	• 148
믿음 안에 소망	• 151
소망의 길	• 153
하나님의 시간	• 155
은혜의 강	• 157
끝없는 사랑	• 159
믿음의 발자취	• 161
은혜의 능력	• 163
진정한 자유	• 166

3장 너는 내 기쁨

사랑의 본질	• 170
기도의 표본	• 173
하나님의 인도하심 1	• 176
감사의 마음	• 178
사랑의 힘	• 180

기도의 힘	• 182
감사가 항상있는 삶	• 184
은혜의 힘	• 186
하나님의 참 사랑	• 188
믿음의 길	• 190
하나님의 은혜	• 192
하나님의 인도하심 2	• 195
하나님께서 주시는 평화	• 197
믿음의 길을 걸어가는 힘	• 200
하나님의 뜻을 따르는 삶	• 202
사랑은 세상을 변화시키는 힘 2	• 204
고난 중에도 하나님을 신뢰하는 믿음	• 206
용서의 힘, 마음의 평안을 얻는 길	• 209
하나님의 계획을 신뢰하는 삶	• 211
시련 중에도 하나님의 사랑을 믿는 삶	• 213
진정한 평화를 찾는 길	• 216
믿음의 길을 걸어가는 용기	• 218
하나님의 뜻을 따르는 삶	• 220
하나님 안에서의 평안	• 222
하나님의 사랑과 은혜	• 224
믿음의 힘	• 226
고난 속에서의 소망	• 228
하나님의 인도하심	• 230
하나님의 사랑 안에서의 자유	• 232
하나님과의 친밀한 교제	• 234
천하무적 전지전능	• 236
천하무적 전지전능 – 그분과 함께라면	• 239
천하무적 전지전능 – 너는 결코 혼자가 아니야	• 242

책을 마치며   • 245

추천의 글 1

장경동 목사 | 대전중문교회 담임

아니, 이 책을 안 읽는다고요?
그럼 인생 손해입니다. 아주 큰 손해요!

살다 보면, "너 잘하고 있어" 이 한마디가 그렇게 귀할 수가 없습니다. 누군가 그 말을 해주면, 무너졌던 마음이 다시 일어나고, 주저앉았던 영혼이 다시 뛰게 됩니다.

장희연 교수님의 『더 잘할 수 없을 만큼 잘하고 있는 너에게』 이건 그냥 책이 아닙니다. 하나님 아버지께서 오늘 이 시대, 낙심한 자녀들을 위해 몰래 써서 주시는 '격려의 편지'요, 눈물 나는 '사랑의 음성'입니다.

제가 이 책을 읽고, "야, 이거 진짜 성령의 감동 아니면 이런 글 못 쓴다!" 싶었습니다. 왜냐면 사람 말 같으면서도 자꾸 마음을 흔들고, 그냥 문장인데 기도하게 만들고, 한 줄 한 줄 읽다가 어느새 울고 있었습니다.

요즘 사람들 말은 참 많습니다. 근데 위로는 없고, 격려는 더 없습니다. 비판은 넘치고, 판단은 홍수입니다. 그런 세상에서 이 책은, 정말 귀한 생수 한 모금입니다. 그것도 찬란한 하늘에서 막 퍼온 생수!

이 책은, 지금도 울고 있는 누군가에게
"괜찮아, 너는 이미 잘하고 있어."
"하나님이 널 보고 흐뭇해하고 계셔."
하며 다정하게, 따뜻하게, 하나님의 사랑을 전해줍니다.

저는 장담합니다. 이 책을 끝까지 다 읽고 나면, 사람이 달라집니다. 표정이 달라지고, 기도가 달라지고, 하나님을 향한 마음이 다시 살아납니다.

자, 망설이지 마시고 읽으세요. 그리고 다 읽고 나면, 꼭 그 누구에게 한 권 더 사서 주세요. 왜냐고요? 이 좋은 걸 혼자만 보면 욕심쟁이죠! 은혜는 나눌수록 더 커집니다.

추천의 글 2

정인찬 목사 | 웨스트민스터신학대학원대학교 총장

『더 잘할 수 없을 만큼 잘하고 있는 너에게』이 제목을 읽는 순간, 나는 한 영혼을 향한 하나님의 부드럽고도 분명한 음성을 들었습니다. 이 책은 단순한 격려가 아닙니다. 이 책은 '하나님의 시선'입니다.

장희연 교수님의 이 글은 인간적인 위로를 넘어, 성경적 진리에 뿌리내린 복음의 위로로 나아갑니다. 세상은 성과를 말하지만, 복음은 존재를 말합니다. 세상은 얼마나 더 해야 하냐고 묻지만, 복음은 "지금도 나는 너를 사랑한다."라고 선포합니다.

이 책은 "잘하라"라고 독촉하지 않습니다. 오히려 "이미 잘하고 있다"라고, "주님께서 네 안에 역사하고 계신다"라고 그리스도의 십자가 앞에서 말씀합니다. 독자는 이 책을 통해 '하나님 안에서의 정체성'을 다시 세우게 됩니다. 그것이 참된 회복의 시작입니다.

장 교수님의 문장은 차분하지만, 그 안에는 눈물로 기도하며 쌓아 올린 깊은 영적 통찰이 녹아 있습니다. 그 문장을 따라가다 보면, 우리는 어느새 '자기 비하'의 골짜기를 지나 '은혜의 광야'로 나아가게 됩니다.

나는 이 책이, 오늘도 비교와 불안, 정체성의 혼란 속에서 자신을 잃어가고 있는 이 시대의 수많은 그리스도인에게 '하늘의 이정표'가 되어줄 것이라 확신합니다.

이 책을 읽으며, 하나님 앞에서 울고 싶어질 것입니다. 그리고 그 울음 속에서 다시 살아나게 될 것입니다.

정결한 위로, 정직한 진리, 거룩한 감동이 담긴 이 책을 모든 하나님의 백성들에게 기쁨으로 권합니다.

추천의 글 3

피종진 목사 | (재미재단법인) 세계복음화협의회 대표총재

장희연 교수께서 오랫동안의 기도 생활과 말씀 안에서의 삶을 통해 받고 체험한 은혜가 너무나 크고 감사해서 그리고 모든 사람이 함께 은혜받고 치유 받기를 원해서 『더 잘할 수 없을 만큼 잘하고 있는 너에게』라는 책을 세상에 내어놓게 되었습니다.

이 시대는 현대를 살아가는 수많은 사람이 조수처럼 밀려오는 향락문화와 퇴폐 문화 그리고 다양하게 변천되어 가는 기계 문명 속에서 자신의 소중한 본질을 상실해가고 인형과 로봇(Doll and Robert)의 무감정, 무감각 속으로 오염되어 가고 있습니다. 그리고 하나님께서 부여하여 주신 영혼의 기쁨과 감사함의 삶과 가장 소중한 본질적인 가치관들과 하나님께서 주신 보화들을 사살해 버리고 세상의 어두움의 늪에 빠져 들어가고 있기 때문에 SOS의 타전이 긴급해지는 때가 되어가고 있습니다.

그리고 우리가 함께 살아가고 있는 이 지구촌마저 전쟁의 공포와 천재. 인재. 한재. 풍조. 지진. 기근. 염병. 오염 등 총체적으로 병들어가고 있는 이 시대가 되었습니다.

이러한 때에 장희연 교수께서 집필하여 내어놓을 이 책은 수많은 영혼을 치유하게 해주며 성령님의 놀라운 역사 안에서 새로운 변화를 받아 말씀의 역사와 기도의 응답 그리고 성령의 역사로 말미암아 반드시 New Life의 변화된 삶으로 새롭게 거듭나게 하는 역사가 나타나게 됨을 믿으며 이 책을 추천합니다.

추천의 글 4

김문훈 목사 | 포도원교회 담임

"더 잘할 수 없을 만큼 잘하고 있는 너에게" 이 말이 누군가에겐 생명줄이 되고, 누군가에겐 눈물의 위로가 됩니다. 그리고 이 책은 바로 그 한 마디를, 여러 번 반복해주며, 다시 살아나게 만듭니다.

장희연 교수님의 글은 단순한 문장이 아닙니다. 이 시대의 상처받은 심령을 향해 보내는 하나님의 러브 레터이며, 낙심한 영혼을 다시 일으켜 세우시는 아버지의 부르심입니다. 사람의 말처럼 들리지만, 읽다 보면 어느새 주님의 음성이 되어 가슴 깊숙이 파고듭니다. 내가 울고 있는 줄도 모른 채 눈물이 흐르게 만드는 책, 무너진 자존감을 하나님의 시선으로 세워주는 책입니다.

교수님의 언어는 문학을 품었고, 문학은 믿음을 품었습니다. 세상 말로는 설명할 수 없는 치유의 능력이 이 책에 흐릅니다. 한 줄, 한 문단이 기도이고, 찬송이며, 고백입니다. 책장을 넘길 때마다 성령께서 "내가 너를 안다, 너는 내 기쁨이다."라고 말씀하시는 것만 같습니다.

지금, 누구보다도 잘하고 있는 당신에게 이 책을 권합니다. 실패

했다고 느낄 때, 사람들에게 잊혔다고 여길 때, 하나님께서 조용히 당신 이름을 부르시는 그 순간, 이 책은 당신을 다시 당신답게 만들어 줄 것입니다.

나는 감히 말합니다. 이 책은 단순한 '추천 도서'가 아닙니다. 이 책은 하나님의 마음입니다. 이 책은 당신을 향한 하늘의 편지입니다. 말씀이 육신이 되어 우리 가운데 오신 것처럼, 장희연 교수님의 이 글도, 눈물과 한숨 속에 살아가는 이들에게 말씀이 되어 찾아갈 것입니다.

꼭 읽으십시오. 그리고 당신이 받은 이 은혜를 다른 누군가도 받을 수 있도록 꼭 누군가에게 전해주십시오.

서문

사랑하는 독자 여러분,

『더 잘할 수 없을 만큼 잘하고 있는 너에게』를 만나신 여러분께 주님의 은혜와 은총이 가득하길 소망하며 샬롬~의 인사를 드립니다.

이 책은 단지 글을 나열한 것이 아니라, 하나님의 사랑과 은혜가 깊이 스며들어 있는 이야기를 담고자 했습니다. 우리가 살아가는 삶 속에서 마주치는 수많은 도전과 고난, 그 속에서도 주님의 사랑을 느끼고, 그의 손길을 의지하는 여정이 무엇인지 함께 나누고 싶었습니다.

이 책을 통해 여러분이 하나님의 사랑을 다시 한번 확인하고, 그 사랑에 감사하며, 힘차게 일어설 수 있는 용기를 얻기를 바랍니다. 우리가 어떤 상황에 처하든, 하나님은 항상 우리와 함께하시며, 그분의 뜻을 따라가는 길에서 참된 평안과 기쁨을 경험할 수 있음을 믿습니다.

하나님께서 우리 각자에게 주신 특별한 사명을 따라, 오늘도 함께 나아갑니다. 책을 읽으시는 동안 주님의 사랑을 더욱 깊이 느끼고, **그 사랑 안에서 힘과 위로**를 얻으시기를 기도합니다.

여러분의 삶이 하나님의 축복과 은혜로 가득 차기를 바라며, 이 책이 여러분에게 작은 힘이 되기를 소망합니다.

잘하고 있는 너

너는 두려워하지 말라 내가 너를 구속하였고
내가 너를 지명하여 불렀나니 너는 내 것이라
이사야 43장 1절

하나님이 지으신 그대로의 너

시 139:14 내가 주께 감사하옴은 나를 지으심이 심히 기묘하심이라

거울 앞에 선 너는 오늘도 자신에게 묻는다.

"나는 괜찮은 사람일까?"
"지금의 나로도 충분할까?"
"나는 왜 저 사람처럼 멋지지 않을까?"
"나는 왜 저만큼 성공하지 못할까?"

우리는 살아가면서 수없이 남과 비교하며 때때로 자기 자신을 깎아내리곤 해. 하지만 네가 잊지 말아야 할 것이 있어. 너는 하나님이 창조하신 걸작품이라는 사실이야.

우리는 때때로 자기 자신을 부족하게 느끼지만, 하나님께서는 처음부터 너를 특별하게 빚으셨어. 너의 눈빛, 너의 웃음, 너의 말투, 너의 모든 것이 하나님에게는 완벽한 작품인 거야. 그분이 실수 없이 만든 존재가 바로 너란다.

미켈란젤로가 대리석을 다듬어 다비드상을 만든 것처럼, 하나님께서도 너를 조각하고 계셔. 때로는 깎이고 다듬어지는 시간이 아프게 느껴질지 모르겠지만, 그 모든 과정 속에서 하나님은 너를 더욱 아름다운 최고의 모습으로 만들어가고 계신 거야.

너는 하나님이 기뻐하시는 존재야. 너는 지금 이 모습 그대로도 충분히 사랑받을 가치가 있어.

너는 부족한 존재가 아니라, 지금도 성장하고 있는 존재야. 그러니 오늘도 네 자신을 따뜻하게 안아 줘. 그리고 믿어 줘. 네가 어디에 있든, 어떤 모습이든, 하나님은 너를 사랑하시고, 너를 통해 놀라운 일을 이루실 거라는 사실을 잊지 마. 너는 이미 하나님의 걸작품이야. 그러니 오늘도 네 모습 그대로 당당하게 살아가자.

하나님은 우리의 편안함보다 우리의 성장을 더 원하신다.
— C.S. 루이스 —

비교하지 않아도 괜찮아

갈 6:4   각각 자기 일을 살피라 그리하면 자랑할 것이 자기에게는 있어도 남에게는 있지 아니하리니

우리는 살아가면서 너무 쉽게 남과 나를 비교하곤 해.

"저 사람은 나보다 더 성공했어."
"나는 왜 저렇게 되지 못할까?"
"나는 아직도 부족한 걸까?"

하지만 하나님은 우리가 서로를 비교하며 살아가길 원하지 않으셔. 하나님은 세상에 똑같은 사람이 단 한 명도 없도록 만드셨고, 네가 걷고 있는 길 또한 그 누구와도 같지 않은 오직 너만을 위한 길이야.

나무를 한번 떠올려 봐. 어떤 나무는 빨리 자라고, 어떤 나무는 천천히 자라지 않니. 어떤 나무는 키가 크고, 어떤 나무는 옆으로 퍼져. 하지만 그렇다고 작은 나무가 덜 소중한 걸까? 아니야. 모든 나무는 그 자체로 아름다워.

네가 걸어가는 속도는 너만의 것이고, 네가 도달할 목적지도 하나님께서 특별히 준비하신 거야. 다른 사람과 비교하며 낙심하기보다, 하나님이 너에게 허락하신 그 자리에서 네가 할 수 있는 최선을 다하면 돼.

네가 다른 사람이 될 필요는 없어. 하나님은 너를 세상의 누구와도 다르게 창조하셨고, 너의 걸음걸음마다 의미를 담아두셨어.

그러니 오늘부터 비교의 굴레에서 벗어나자. 네가 살아가는 하루하루는 그 자체로 충분히 아름다워. 그리고 하나님은 그 모든 순간을 기뻐하고 계셔.

하나님이 "네 길을 여호와께 맡기라 그를 의지하면 그가 이루시고"(시 37:5)라고 말씀하셨어. 그러니 네가 걸어가는 길을 하나님께 맡길 때, 비교가 아닌 평안이 찾아오고, 경쟁이 아닌 기쁨이 너를 채울 거야. 너는 너답게 살아가면 돼. 그거면 충분해!

너 자신이 되는 것이야말로 가장 위대한 모험이다.
− C.S. 루이스 −

작은 것에도 기뻐하는 삶

슥 4:10 작은 일의 날이라고 멸시하는 자가 누구냐

우리의 눈은 쉽게 커다란 것만 보려고 해. 높은 자리, 큰 성취, 남들이 부러워할 만한 결과. 하지만 하나님은 우리가 작은 것에서도 기쁨을 찾기를 원하셔.

아침에 마시는 한잔의 커피, 창문을 열 때 불어오는 상쾌한 바람, 따뜻한 인사를 건네는 누군가의 미소. 이런 작은 순간들 속에 하나님의 은혜가 담겨 있어.

우리는 종종 '아직 멀었어.'라고 생각하며 자신의 삶을 있는 그대로 기뻐하지 못할 때가 많아. 하지만 하나님은 이 순간의 너를 귀하게 여기셔. 작은 것들을 소중히 여길 때, 그 작은 순간들이 모여 우리의 삶을 더욱 빛나게 하지.

성경에서도 "범사에 감사하라 이것이 그리스도 예수 안에서 너희를 향하신 하나님의 뜻이니라"(살전 5:18) 말씀하잖아.

크고 위대한 일을 이뤄야만 감사할 수 있는 것이 아니야. 오늘도 숨을 쉬고, 걸을 수 있고, 사랑할 수 있다는 것, 그 자체로도 이미 충분히 감사할 이유가 돼. 그러니 오늘 하루, 작은 기쁨을 바라봐. 작은 친절~ 작은 감사~ 작은 미소~ 그것들이 모여 네 삶을 따뜻하게 채워 줄 거야.

하나님은 작은 것을 귀하게 여기셔. 그러니 네가 살아가는 하루하루도, 그 자체로 충분히 소중하게 여기자.

행복은 미래에 있는 것이 아니라, 현재를 감사하는 마음속에 있다.
— C.S. 루이스 —

하나님의 계획 안에 있는 너

렘 29:11 너희를 향한 나의 생각을 내가 아나니 평안이요 재앙이 아니니라 너희에게 미래와 희망을 주는 것이니라

때로는 앞이 보이지 않을 때가 있어.

"왜 이렇게 되는 거지?"
"내가 가는 길이 맞는 걸까?"
"하나님은 정말 나를 인도하고 계실까?"

하지만 우리가 알지 못하는 순간에도, 하나님은 우리를 향한 완벽한 계획을 갖고 계셔. 어떤 길은 멀리 돌아가는 것처럼 느껴지고, 어떤 날은 눈물만 흐르는 날 같아도, 그 모든 순간이 하나님의 손안에 있어.

우리는 때때로 조급해져. 빨리 결과를 보고 싶고, 빨리 기도 응답을 받고 싶고, 빨리 무언가를 이루고 싶어 하지. 하지만 하나님은 너의 시간이 아닌, 하나님의 시간표 안에서, 때마다 가장 선한 길로 인도하셔.

우리가 모든 것을 이해할 수 없어도 괜찮아. 성경에서 "사람의 걸음은 여호와로 말미암나니 그 길을 어떻게 알 수 있으랴"(잠 20:24) 말씀하셨으니 우리는 믿음으로 걸어가면 되는 거야.

네가 어디에 있든, 무엇을 하든, 하나님은 너를 향한 계획을 멈추지 않으셔. 그러니 조급해하지 말고, 낙심하지 말고, 하나님을 신뢰하며 나아가면 돼. 너의 인생은 우연이 아니야. 하나님의 섬세한 계획이야. 그러니 네 걸음 하나하나가 의미 없는 것이 아니야. 하나님의 계획안에 있는 너는 이미 그 자체로 충분히 소중하고 아름다워.

하나님을 신뢰한다는 것은, 그분의 때를 신뢰하는 것이다.
— C.S. 루이스 —

실수해도 괜찮아,
하나님은 너를 안아주셔

사 41:10 두려워하지 말라 내가 너와 함께 함이라 놀라지 말라 나는 네 하나님이 됨이라 내가 너를 굳세게 하리라

우리는 모두 실수하며 살아가고 있어. 때로는 선택이 잘못된 방향으로 흘러가기도 하고, 때로는 예상치 못한 실수로 낙심할 때도 있어. 하지만 실수는 끝이 아니라 새로운 시작일 뿐이란 걸 기억하길 바라.

하나님은 우리에게 완벽함을 요구하지 않으셔. 그 대신, 그분은 우리가 넘어졌을 때 일어나도록 격려하셔. 우리의 실수와 실패 속에서도 여전히 하나님의 사랑은 변하지 않아.

혹시, 너도 이런 경험 있지 않니? 잘못된 선택을 하고 나서 후회가 밀려오는 순간, 하나님이 너를 질책하기보다, 따뜻한 품으로 맞아주셨던 경험 말이야. 하나님은 이렇게 다시 일어설 수 있도록 힘을 주시는 분이야.

그것이 바로 하나님의 은혜야. 하나님은 우리를 정죄하지 않으시

고, 실패 속에서도 우리에게 새롭게 시작할 수 있는 기회를 주셔.

네가 넘어졌을 때, 그 자리에서 일어나면 돼. 하나님은 네가 다시 일어설 수 있도록 그 자리에서 기다리고 계시거든. 비록 실패가 너를 움츠러들게 할지라도, 하나님의 사랑은 그 어떤 실수보다 강하고 깊어.

하나님은 언제나 너의 곁에서 함께 하시며, 너를 안아주실 준비가 되어 있는 분이야. 실수는 너를 정의하지 않아. 너는 하나님의 자녀로서 계속해서 걸어갈 수 있어. 말씀하신 "내가 너와 함께 함이라" 하는 약속을 믿고, 실수에서 배우며 나아가자.

우리는 실패를 두려워하지만, 하나님은 그 실패 속에서
우리의 진정한 모습과 성장을 바라보신다.
– C.S. 루이스 –

혼자라고 느낄 때도
하나님은 함께 계셔

히 13:5 내가 결코 너희를 버리지 아니하고 너희를 떠나지 아니하리라

때때로 우리는 외로움을 느끼고, 세상과 완전히 단절된 것처럼 느껴질 때가 있어. 아무리 주변에 사람들이 많아도, 내 마음속에 공허함이 채워지지 않는 순간이 있지.

"나는 혼자야." 이 말을 자주 하게 될 때가 있어. 그럴 때마다 너에게 꼭 알려주고 싶은 말이 있어. "너는 절대 혼자가 아니야." 하나님은 언제나 네 곁에 계셔.

비록 눈에 보이지 않지만, 그분은 너를 지키고, 인도하며, 너의 모든 순간을 함께 하시고 계셔. 혼자라고 느낄 때, 그 고독 속에서 하나님은 네게 "내가 너와 함께 한다." 말씀하시고 계시지. 하나님의 임재 속에서 우리는 결코 외롭지 않아.

하나님은 우리와 늘 함께 계시며, 우리의 외로움을 이해하시고, 우리의 마음을 품어주셔. 이 세상 누구도 우리를 완벽하게 이해하지 못하지만, 하나님은 우리의 마음을 온전히 아시고, 그 모든 아픔을

품어주셔.

하나님과의 관계 속에서, 우리는 혼자가 아니야. 그분의 사랑은 우리가 상상할 수 있는 그 이상으로 깊고 넓어.

네가 느끼는 외로움 속에서도, 하나님은 함께 계심을 잊지 말고 언제든지 그분께 나아가면 돼. 하나님은 너의 가장 큰 친구이자, 너를 사랑하는 아버지이시니까. "내가 결코 너희를 버리지 아니하고 너희를 떠나지 아니하리라" 하는 약속을 마음에 새기자.

하나님은 우리에게 평안을 주시지만, 우리가 그분의 품에
안기지 않으면 그 평안을 알 수 없다.
— C.S. 루이스 —

믿음으로 한 걸음씩

히 11:1 믿음은 바라는 것들의 실상이요 보지 않는 것들의 증거니

우리는 모두 미래를 향해 한 걸음, 한 걸음 내딛으며 살다가 가끔은 그 걸음이 너무 작은 것처럼 느껴지고, 우리가 나아가는 길이 멀고 험하게만 보일 때가 있지. 그럴 때, 믿음은 눈에 보이지 않는 길을 걸어가는 힘이 되어주지.

믿음은 단지 "하나님을 믿는다."라는 고백에 그치지 않아. 믿음은 우리의 걸음 속에서 나타나. 우리가 힘들고 지칠 때, 그럼에도 불구하고 믿음을 가지고 나아가는 것, 그 한 걸음이 바로 믿음의 길이 되는 거야.

너도 아마 그런 순간들이 있었을 거야. 불확실한 미래에 대한 두려움, 지금의 상황이 계속될까 봐 걱정되는 마음, 그런 마음속에서도 하나님을 믿고 한 걸음 내디뎠던 경험말이야. 그 한 걸음이 바로 믿음의 시작이야. 우리는 모두 그 한 걸음을 내딛을 때, 하나님의 인도하심을 경험하게 되거든.

믿음이 깊어질수록, 우리는 보이지 않는 길을 걸어갈 수 있어. 우리의 눈은 현재의 상황만을 바라보지만, 하나님의 계획은 훨씬 더 크고 넓어. 믿음으로 한 걸음 내딛을 때, 하나님은 그 한 걸음 속에서 우리를 이끌어 가셔. 그리고 그 걸음 하나하나가 모여서, 하나님의 놀라운 계획을 이루어가는 여정이 되는 거야.

하나님은 우리의 걸음을 지켜보시며, 우리가 믿음으로 나아갈 때마다 그 길을 인도하셔. 믿음으로 걸어가는 너의 길은 결코 헛되지 않아. 하나님이 너와 함께 하시며, 그 길을 열어 가신다는 것을 잊지 말고 오늘도 믿음으로 한 걸음 내딛자.

믿음은 절대로 시야에 있는 것이 아니라, 마음속에서 자라는 것이다.
− C.S. 루이스 −

너의 가치,
하나님 안에서 빛난다

사 43:4 네가 내 눈에 보배롭고 존귀하며 내가 너를 사랑하였은즉 내가 네 대신 사람들을 내어 주며 백성들이 네 생명을 대신하리니

세상은 종종 우리가 가진 것과 하는 일로 우리의 가치를 평가하려 해. 직업, 외모, 성과, 소유물. 하지만 하나님은 그 어떤 것보다 너 자신을 더 중요하게 여기셔.

너의 가치는 단지 너의 능력이나 외적인 모습에 있지 않아. 하나님께서 너를 창조하시고, 너의 가치를 이미 결정하셨기 때문이야.

세상에서 아무리 인정받지 못해도, 하나님은 너를 보배로 여기시며, 너를 사랑하고, 그 사랑으로 너의 가치를 만들어 가셔.

네가 겪은 어려움과 실패는 너의 가치에 영향을 미치지 않아. 너는 여전히 하나님의 자녀로서 그분의 사랑 안에서 빛나고 그 사랑은 절대로 변하지 않아.

하나님은 너를 지을 때부터 완벽한 계획을 갖고 만드셨어. 그 누

구도 너의 진정한 가치를 결정할 수 없어. 세상이 너를 평가할 수는 있지만, 그 평가에 흔들리지 마.

하나님이 주시는 그 사랑과 가치가 너를 진정으로 세워주셔. 너의 가치는 세상의 기준이 아닌, 하나님의 사랑에 의해 결정돼.

하나님이 너를 보시며 흐뭇한 미소를 짓고 계시지. 자신을 자랑스럽게 여기자. 하나님께서 너를 얼마나 귀하고 소중하게 여기는지 기억하며, 그 사랑 안에서 빛나는 존재로 살아가자.

사람은 외적인 것들이 아닌, 그의 내면이 진정으로 아름답다..
- C.S. 루이스 -

네 안에 있는 힘,
하나님이 주신 용기

빌 4:13 　내게 능력 주시는 자 안에서 내가 모든 것을 할 수 있느니라

"내가 이 일을 감당할 수 있을까?"
"내가 이 문제를 해결할 수 있을까?"
"나는 충분히 강하지 않아…"

　우리는 종종 스스로 부족하다고 느낄 때가 많아. 그럴 때마다 너에게 주어진 힘은 너 자신의 것이 아니라, 하나님으로부터 오는 것임을 기억해야 해. 하나님은 우리에게 넘치는 능력과 용기를 주시며, 그분의 능력이 우리의 약함을 강하게 만든다는 사실을 꼭 기억해.

　하나님이 주시는 힘은 우리가 상상할 수 없을 정도로 크고 강하시지. 우리가 혼자서는 감당할 수 없는 일도 하나님이 함께 하시면 모든 것을 이겨낼 수 있어.

　용기는 두려움과 마주할 때 생기는 것이 아니라, 그 두려움 속에서 하나님을 믿고 일어설 때 우리가 얻게 되는 거야. 너는 이미 하나님 안에서 강한 존재야. 세상이 어떻게 평가하든, 하나님은 너를 특

별하고 능력 있는 사람으로 창조하셨거든.

하나님이 네 안에 주신 용기를 믿어. 하나님은 너를 이길 수 있는 능력으로 채우시고, 어떤 도전 앞에서도 너와 함께 하시고 계셔.

세상의 기준으로 너를 평가하지 말고, 하나님이 주시는 힘으로 한 발짝씩 나아가자. 그 길 끝에는 하나님이 준비하신 승리와 축복이 기다리고 있어. 너는 하나님의 능력을 가진 사람이야. 그러니 두려워하지 말고 나아가면 돼.

용기는 두려움의 부재가 아니라, 그럼에도 불구하고 행동하는 것이다.
– C.S. 루이스 –

오늘을 살아가는 힘,
하나님의 은혜

엡 2:7 이는 그리스도 예수 안에서 우리에게 자비하심으로써 그 은혜의 지극히 풍성함을 오는 여러 세대에 나타내려 하심이라

우리는 종종 내일을 걱정하고, 과거의 실수에 얽매여 살아가고 있어. 오늘이라는 시간이 우리에게 주어진 선물임에도 불구하고, 우리는 종종 그 선물을 온전히 누리지 못하고 있지.

하나님은 우리에게 매일의 삶을 살 수 있는 은혜를 주셨어. 은혜는 우리의 힘으로는 감당할 수 없는 사랑과 능력으로 가득 차 있지. 우리는 그 은혜 안에서 오늘을 살아갈 힘을 얻는 거야.

어떤 날은 힘이 빠지고, 지치기도 해. 그럴 때마다 하나님의 은혜를 기억하자. 하나님은 우리의 연약함을 아시고, 그 속에서 우리를 일으켜 주시지. 하나님의 은혜는 우리가 상상할 수 없는 곳에서, 우리가 필요로 하는 시간에 충만히 부어지고 있어.

오늘을 살아가는 힘은, 바로 하나님의 은혜에 있는 거야. 그 은혜가 너의 삶을 이끌고, 너를 오늘을 살아갈 힘으로 채우시지. 내일을 걱정

할 필요 없어. 하나님이 오늘을 인도하시며, 그 은혜로 너를 채워주시거든. 너는 오늘을 살아갈 힘과 능력을 이미 가지고 있는 거야.

하나님의 은혜가 매 순간 너와 함께 하시고, 그분의 사랑이 너를 인도하시고 있음을 잊지 마. 하나님의 은혜는 오늘을 살아가는 힘이야. 그 은혜 속에서 우리는 매일 새롭게 시작하면 돼. 하나님의 은혜 안에서, 오늘을 기쁘고 평안하게 살아가면 되는 거야.

하나님의 은혜는 우리가 이 세상에서 겪는 가장 큰 선물이다.
그것은 결코 우리가 자격이 있어서가 아니라, 그분의 사랑 때문이다.
– C.S. 루이스 –

사랑은 세상을 변화시키는 힘 1

고전 13:4 사랑은 오래 참고 사랑은 온유하며 시기하지 아니하며 사랑은 자랑하지 아니하며, 교만하지 아니하며

세상은 우리가 생각하는 것보다 훨씬 더 많이 변하고 있어. 하지만 그 변화의 진정한 원동력은 우리가 가진 사랑에서 비롯돼. 세상은 물질적인 풍요나 권력, 명예로 변화할 수 없어. 세상을 진정으로 변화시키는 힘은, 하나님의 사랑이야.

하나님의 사랑은 우리를 변화시키고, 그 사랑을 받은 우리가 이 세상에 새로운 희망의 빛을 비추는 거야. 우리는 하나님의 사랑을 받은 사람들로서, 세상을 사랑으로 대하는 역할을 맡았어.

그 사랑은 사람들의 마음을 변화시키고, 서로를 이해하고 용서하며, 사랑으로 세상의 어두움을 비추지. 세상이 비판하고 혐오를 내비칠 때, 우리는 하나님의 사랑을 통해 그 어떤 어두움도 이겨낼 수 있어.

하나님의 사랑은 우리가 상상할 수 없는 방식으로 세상을 변화시키지. 우리가 사랑을 실천할 때, 그 사랑은 세상에 큰 영향을 미쳐.

너의 작은 친절, 용서, 섬김의 손길이 결국 큰 변화를 가져오는 씨앗이 되는 거야.

우리는 하나님의 사랑을 받은 사람들로서, 세상의 빛과 소금이 되어야 해. 세상 속에서 하나님이 주신 사랑을 나누며, 하나님의 나라를 이 땅에 이루어 가야 해. 사랑은 세상을 변화시키는 가장 강력한 힘이야. 그것을 통해 우리는 하나님의 뜻을 이루는 거야,

> 사랑은 힘이다. 그것은 변화를 일으키며,
> 가장 어두운 곳에도 빛을 비춘다.
> − C.S. 루이스 −

끝까지 포기하지 말고,
하나님의 계획을 믿어라

사 55:8 내 생각이 너희의 생각과 다르며 내 길은 너희의 길과 다름이니라

우리는 때때로 길을 잃은 것처럼 느끼고, 인생이 우리가 계획한 대로 흘러가지 않는다고 생각할 때가 있어. 하지만 그 순간이 바로 하나님의 계획이 우리에게 펼쳐지는 시간임을 기억해야 해.

하나님은 우리가 가는 길을 잘 아시고 계셔. 우리는 때때로 그 길이 험난하고, 더디게 느껴져서 포기하고 싶을 때도 있지만, 하나님은 우리가 끝까지 그분을 신뢰하며 나아가기를 원하셔.

우리가 아무리 힘들어도, 하나님의 계획은 결코 변하지 않아. 그분은 우리에게 선하고 완전한 계획을 갖고 계시며, 우리가 그것을 믿고 나아가면 그 계획은 반드시 이루어지지.

하나님은 결코 우리를 버리지 않으셔. 힘든 순간일수록 더 강하게 하나님의 계획을 믿고, 그 길을 따라가야 해. 그 길의 끝에는 하나님이 준비하신 더 큰 축복과 평안이 기다리고 있기 때문이야.

지금 당장 결과가 보이지 않더라도, 하나님은 우리가 나아가는 한 걸음 한 걸음 속에서 일하고 계셔. 우리는 그분의 계획을 믿고, 포기하지 말고 나아가야 해. 하나님의 계획은 언제나 우리를 위한 최선이야. 그 계획을 믿고 나아가면, 결코 길을 잃지 않아.

하나님은 우리의 인생을 한 번에 다 보여주시지 않는다.
그러나 우리는 그분을 믿고, 한 걸음 한 걸음 나아갈 때 그 계획이 드러난다.
– C.S. 루이스 –

하나님의 사랑을 실천하는 삶

요일 4:16 하나님이 우리를 사랑하시는 사랑을 우리가 알고 믿었노니 하나님은 사랑이시라 사랑 안에 거하는 자는 하나님 안에 거하고 하나님도 그의 안에 거하시느니라

하나님의 사랑은 우리가 상상할 수 있는 그 이상으로 크고, 깊으며, 넓어. 그 사랑은 우리의 삶을 이끌고, 변화시키는 능력이 되지. 하나님의 사랑을 경험한 사람은, 그 사랑이 자기 자신뿐만 아니라 세상도 변화시킬 수 있다는 확신을 갖게 돼. 우리는 그 사랑을 실천하는 가운데, 세상에서 하나님의 나라를 이끌어가는 사명을 가지게 되는 거야.

하나님의 사랑은 우리가 순종할 때, 그 사랑을 통해 하나님을 더 깊이 알게 만들어. 순종은 단지 명령에 따르는 것이 아니라, 하나님과의 관계 속에서 그분의 뜻을 알아가는 과정이야. 우리가 그 사랑을 따라 순종할 때, 하나님의 뜻을 실천하는 삶을 살게 되며, 그 사랑은 우리를 하나님의 뜻을 이룰 수 있는 도구로 만들어주시지.

"하나님은 우리가 요구하는 것보다 더 크고 더 좋은 것을 주신

다."라고 어거스틴이 말했듯이 우리는 종종 작은 소망에 매여 살지만, 하나님은 그보다 더 큰 축복과 은혜를 예비해 놓으셨어. 우리가 원하는 것보다 하나님은 더 큰 계획을 갖고 계신 거야.

그 사랑은 우리가 이해할 수 없을 만큼 풍성하고, 그분이 주시는 은혜는 우리의 삶을 넘치는 기쁨으로 채워주셔. 하나님은 우리가 원하는 것 이상으로, 우리가 필요로 하는 것을 정확하게 아시고 그 사랑으로 채워주시는 분이야.

하나님의 사랑을 실천하는 삶은 때로 고난과 어려움 속에서도 지속되지. 하지만 우리가 하나님을 믿고 순종하며 그 사랑을 실천할 때, 세상의 어두움 속에서도 우리는 빛을 발하는 존재가 되는 거야. 하나님은 그 사랑을 통해 우리를 변화시키며, 우리는 그 사랑을 실천하는 자로서 세상에 하나님의 빛을 비추는 거야.

존 웨슬리는 "사랑하는 사람에게 주어진 삶은 결코 헛되지 않다."라고 말했어. 우리가 이 세상에서 할 수 있는 가장 큰 일은 사랑을 실천하는 거야. 사랑은 행동으로 나타나야 해. 우리가 받은 하나님의 사랑을 나누는 일이 바로 그 실천이야. 우리의 작은 사랑이 모여 하나님의 사랑을 이루어가며, 세상을 변화시키는 큰 사랑의 흐름이 되는 거야.

우리가 하나님의 사랑을 실천할 때, 그 사랑이 세상을 향해 퍼져 나가게 돼. 그 사랑은 어둠을 물리치고, 희망을 전하며, 기쁨을 나누는 능력을 갖게 되는 거야. 하나님이 주신 사랑을 실천할 때, 세상은 하나님의 나라로 조금씩 변해가지. 우리는 그 사랑을 통해, 세상에 하나님의 사랑을 실현해 가는 존재가 되는 거야.

하나님의 사랑은 우리의 발걸음을 이끌고, 세상의 어두움을 밝히는 빛이야. 우리는 그 사랑을 실천함으로, 하나님의 뜻을 이루고, 세상에 하나님의 사랑을 나타내는 자가 되는 거야. "하나님은 사랑이시라." 이 진리를 우리의 삶 속에 새기며, 우리는 그 사랑을 실천하는 삶을 살아가야 해.

모든 믿음은 순종을 동반한다. 우리가 하나님의 뜻을 따를 때,
비로소 하나님을 진정으로 믿는다.
– 본회퍼 –

하나님의 은혜로 변화된 삶

고전 15:10 내가 나 된 것은 하나님의 은혜로 된 것이니

하나님의 은혜는 우리가 자격이 없을 때도 우리에게 주어진 선물이야. 우리는 그 은혜를 받을 만한 자격이 없지만, 하나님은 자신의 사랑으로 우리를 채우시지. 이 은혜는 단지 우리가 구원받기 위한 길에 필요한 것이 아니라, 매일의 삶 속에서 우리의 마음을 변화시키는 능력이 되지.

어거스틴은 "하나님의 은혜 없이는 아무것도 할 수 없다. 그 은혜가 우리를 변화시키고, 우리가 나아갈 길을 열어준다."라고 말했어. 우리는 하나님의 은혜를 통해 삶의 방향을 찾고, 그 은혜가 우리를 진정한 자유와 평안으로 인도하는 것을 경험하게 되는 거야. 그 은혜가 없다면 우리는 어둠 속을 헤매며, 하나님의 뜻을 이루는 길을 알지 못해.

하나님의 은혜는 우리의 부족함과 연약함을 덮고, 그 은혜 속에서 우리의 새로운 삶을 시작하게 해. 우리의 죄와 실패는 하나님의 은혜 앞에서 덮어지고 용서받으며, 새로운 시작을 할 수 있는 기회를 주는

거야. 그 은혜는 우리가 완벽하지 않아도, 여전히 하나님께서 우리를 사랑하신다는 확신을 주기 때문이야.

이 은혜는 우리가 세상에서 겪는 어려움과 아픔 속에서도 우리에게 힘과 용기를 주지. 하나님의 은혜는 우리의 삶을 다시 일으켜 세우고, 그 은혜 속에서 우리는 다시 일어설 수 있는 능력을 얻어. 우리는 그 은혜를 통해 불가능을 가능하게 만들고, 세상이 주지 않는 진정한 기쁨과 평안을 누릴 수 있어.

하나님의 은혜는 우리가 하나님의 뜻을 알고 실천하는 삶으로 인도하지. 그 은혜 속에서 우리는 하나님의 마음을 깨닫고, 그분의 뜻에 순종하며 살아가는 힘을 얻는 거야.

하나님의 은혜가 우리에게 임할 때, 우리는 모든 것이 새로워지는 경험을 하게 돼. 그 은혜가 우리의 상처를 치유하고, 과거의 실패를 덮어주며, 우리는 새로운 마음과 새로운 영혼으로 다시 시작할 수 있어. 하나님의 은혜가 우리 삶에 흐를 때, 우리는 그 사랑에 감사하며, 세상 속에서 그 은혜를 나누는 사람이 되는 거야.

하나님의 은혜가 우리를 구원하고,
그 은혜로 우리는 변화되며 하나님을 더 알게 된다.
- 존 웨슬리 -

하나님의 인도하심 속에서

시 23:1 여호와는 나의 목자시니 내게 부족함이 없으리로다

하나님의 인도하심은 우리 삶의 가장 큰 축복이지. 그분은 우리의 목자가 되어, 우리의 길을 인도하시고 보호하셔. 우리는 때로 혼자서 나아가려 하며, 자신의 힘만을 믿고자 하지만, 진정으로 필요한 것은 하나님의 인도하심이야. 하나님은 언제나 우리보다 먼저 앞서가시며, 우리가 가야 할 길을 미리 예비하시거든.

프란시스 쉐퍼는 "하나님은 우리가 걷는 길을 아시고, 그 길을 인도하시며, 그분의 뜻을 이루게 하신다."라고 말했어.

하나님은 우리가 불확실한 미래를 두려워할 때도, 우리가 어디로 가야 할지 알지 못할 때도 평안을 주시며 길을 인도하셔. 그분의 인도하심을 받는 것은 우리가 하나님의 뜻에 순종하고, 그분의 계획을 믿으며 나아가는 거야.

하나님은 우리에게 복잡한 상황을 허락하실 수 있지만, 그 속에서도 우리를 인도하시며, 우리를 한 걸음 한 걸음 다듬어 가셔. 그분

의 인도하심은 때때로 고통스럽고, 기다림이 필요한 과정이지만, 우리가 그 과정을 거칠 때, 하나님은 우리를 더 온전한 자로 빚어 가셔. 그 인도하심이 있기 때문에 우리는 어떤 시련에도 흔들리지 않고, 하나님의 뜻을 따라 나아갈 수 있는 거야.

하나님의 인도는 우리의 이해를 초월해. 우리가 계획한 것과는 다르게, 하나님은 때로 우리가 예상하지 못한 길로 인도하시기도 해.

그 길에서 우리는 하나님의 선하심과 신실함을 경험하지. 우리가 다 이해할 수 없을 때, 그분의 인도하심 속에서 우리는 자신의 부족함과 하나님의 완전함을 깨닫게 되지.

하나님을 신뢰하고 그분의 인도하심을 따를 때, 우리는 하나님의 뜻을 점점 더 분명히 알게 되지. 그분의 인도하심 속에서 우리는 하나님을 점점 더 신뢰하고 의지하게 돼. 우리가 나아가는 길이 때로는 어려워 보일 수 있지만, 하나님은 우리를 결코 홀로 두지 않으셔.

하나님의 인도하심은 우리의 삶의 중심을 바꾸고, 우리의 시선을 하나님께로 향하게 해. 그 인도하심 속에서 우리는 하나님의 뜻을 이루는 사람들이 되는 거야.

하나님은 우리의 길을 인도하시며, 그 인도하심 안에서 우리는 하나님의 영광을 드러내는 삶을 살 수 있어.

하나님을 믿고 그분의 인도하심을 따르며, 우리는 어떤 상황 속에서도 흔들리지 않는 신앙을 가질 수 있어. 그분의 인도하심 속에서 우리는 진정한 평안을 얻고, 하나님과 동행하는 복된 삶을 살아갈 수 있어.

하나님의 인도하심을 따를 때, 우리의 삶은
그분의 뜻에 맞춰져 가며, 우리는 하나님을 더 알아간다.
- 요한 웨슬리 -

하나님과 깊은 관계에서의 성장

요 14:15 너희가 나를 사랑하면 나의 계명을 지키리라

하나님과 깊은 관계는 단순히 믿음을 고백하는 것에 그치지 않아. 그 관계는 매일의 삶 속에서 하나님을 온전히 따르며, 그분의 뜻을 이루려는 의지가 필요해. 하나님과 관계는 나의 삶의 중심에서 그분을 바라보는 것에서 시작돼. 우리는 그 관계 속에서 하나님을 더 깊이 알고, 그분의 사랑을 온전히 경험하게 되는 거야.

디트리히 본회퍼는 "하나님과의 관계는 단지 예배에서 끝나는 것이 아니라, 우리의 삶의 모든 순간 속에 존재해야 한다."라고 말했어. 하나님과 깊은 관계는 예배와 기도로만 이루어지는 것이 아니라, 우리의 말과 행동, 삶의 태도를 통해 하나님을 영광스럽게 하는 일로 실현되지. 그 관계 속에서 우리는 하나님의 뜻을 깨닫고, 우리의 삶을 그분께 온전히 드리려는 마음을 갖게 되는 거야.

하나님과의 관계 속에서 우리는 하나님을 더욱 신뢰하며, 그 신뢰가 우리의 삶을 변화시키지. 우리가 그분의 뜻을 따를 때, 우리의 생각과 마음은 점차 하나님의 마음에 맞춰지며, 하나님과의 관계는 우

리를 점점 더 온전한 사람으로 변화시키지. 그 관계가 깊어질수록 우리는 하나님을 더욱 의지하게 되고, 그분의 평화와 기쁨이 우리의 삶에 넘쳐나게 돼.

하나님과 깊은 관계는 우리의 영적인 성장을 이끌어가. 우리가 그분의 말씀을 묵상하고, 기도로 그분과 교제할 때, 우리는 점점 영적으로 성숙해지고 하나님을 더욱 깊이 이해하게 돼. 그 과정 속에서 우리는 하나님의 뜻을 이루는 도구로 세워지며, 세상을 변화시키는 힘을 얻지.

하나님과의 관계는 단순한 의무가 아니라, 삶의 기쁨이 돼. 그분과 깊은 교제 속에서 우리는 하나님의 뜻을 더욱 확실히 알게 되고, 그 뜻을 따라 나아갈 때, 우리의 삶은 영적 성장을 이루게 돼. 하나님과의 관계가 깊어질수록 우리는 하나님을 더 사랑하게 되고, 그분의 뜻을 이루는 일에 기쁨을 느끼게 되는 거야.

하나님과의 관계는 우리가 그분의 뜻을 따르며 나아갈 때 더욱 깊어지며, 그 깊은 관계 속에서 우리는 하나님을 더욱 가까이 경험하게 돼. 그 관계는 우리의 영적인 성장을 이끌어가며, 우리는 하나님의 사람으로 세상 속에서 그분의 빛을 비추는 자가 되는 거야.

하나님과의 관계는 우리의 삶을 변화시키며,
우리가 그분과 동행할 때 우리는 새로운 삶을 살게 된다.
– 존 웨슬리 –

하나님의 인도하심을 따른 삶

잠 3:5-6 너는 마음을 다하여 여호와를 신뢰하고 네 명철을 의지하지 말라 너는 범사에 그를 인정하라 그리하면 네 길을 지도하시리라

하나님께서 우리를 인도하신다는 사실은 우리에게 큰 위로이자 희망이야. 우리는 때로 우리의 길을 혼자서 결정하려 하며, 자신의 능력과 지혜에 의지하려는 유혹에 빠지기도 해. 하지만 하나님은 우리가 스스로 헤매지 않도록 그의 길로 우리를 인도하시고, 우리의 삶을 온전히 책임져 주셔.

하나님의 인도하심을 따른다는 것은 내가 원하는 길이 아니라, 하나님의 뜻을 따르는 길을 걷는다는 거야. 우리가 갈 길은 종종 불확실하고 어려운 길일 수 있지만, 그 길 속에서 우리는 하나님의 인도하심을 받으며 진정한 평안을 찾을 수 있어.

하나님께 모든 일을 맡기고 그를 의지할 때, 우리는 불확실한 미래에도 평안을 가질 수 있지. 그분은 우리의 삶의 모든 순간을 인도하시며, 우리가 가야 할 길을 분명히 보여주셔. 하나님의 인도하심을 따르면, 우리는 세상의 유혹과 어려움 속에서도 흔들리지 않고, 하나

님의 뜻을 이루는 길을 걷게 돼.

하나님은 우리가 가장 필요한 때에 정확히 인도하셔. 그분은 우리의 미래를 아시며, 우리가 걸어갈 길을 이미 예비하신 분이야. 우리가 그분의 뜻을 따를 때, 그 길 속에서 하나님의 은혜와 축복을 경험하게 돼. 우리는 하나님의 길을 따를 때만이 진정한 자유와 평안을 찾을 수 있다는 것을 깨닫지.

하나님의 인도하심은 단순히 우리의 발걸음을 인도하는 것만이 아니라, 우리의 마음과 생각도 이끌어가셔. 우리가 하나님을 의지하며 살아갈 때, 우리의 마음은 하나님의 뜻과 맞아가는 것을 경험하며, 그분의 평화가 우리의 삶에 가득 차게 되는 거야.

하나님을 신뢰하고 그분의 인도하심을 따른다는 것은, 우리의 삶이 하나님의 뜻에 맞춰져 가는 과정이야. 우리가 그분을 온전히 의지하고, 믿고 따라갈 때, 하나님의 뜻을 이루는 귀한 도구로 쓰임 받게 돼.

하나님의 뜻을 따르는 삶은, 우리가 원하는 것을 이루는
것이 아니라, 그분의 뜻을 이루는 것이다.
− 본회퍼 −

하나님의 사랑에 응답하는 삶

요일 4:8   하나님은 사랑이심이라

하나님의 사랑은 우리가 경험할 수 있는 가장 깊고 완전한 사랑이야. 우리는 그 사랑을 받기 위해 아무것도 할 수 없고, 그 사랑을 온전히 이해할 수도 없지만, 하나님은 그분의 사랑을 아낌없이 우리에게 부어주시지. 그 사랑이 우리의 삶의 중심이 되고, 그 사랑에 응답하는 삶을 살아가는 것이야말로 하나님을 기쁘시게 하는 길이야.

아우구스티누스는 "하나님의 사랑을 받는 것이 가장 큰 은혜이며, 그 사랑에 응답하는 것이 가장 큰 의무이다."라고 말했어.

하나님은 우리에게 그의 사랑을 먼저 베풀어 주셨어. 우리는 그 사랑을 받음으로써 그분의 자녀가 되었고, 그 사랑을 되갚는 삶을 살아야 할 책임이 있는 거야. 그 사랑을 받았기 때문에, 우리는 그 사랑을 세상에 나누는 사람이 되어야 해.

하나님은 자기 자신을 아낌없이 주셨어. 그분의 사랑은 모든 것에 우선하며, 그 사랑을 받아 우리의 삶을 변화시키고 하나님을 더 깊이 알게 되는 경험을 하게 되는 거야. 그 사랑은 조건 없이 주어지며, 우리가 그것을 이해할 수 없을 만큼 크고 넓어.

하나님의 사랑에 응답하는 것은 단지 감정이나 말로만 표현되는 것이 아니라, 삶 속에서 그 사랑을 실천하는 거야. 우리는 그 사랑을 세상에 나누며, 하나님이 우리에게 주신 사랑을 주변 사람들에게도 전달해야 해.

하나님은 우리를 사랑하시기 때문에 우리를 향한 계획과 목적이 있어. 우리는 그 사랑을 받았기에 그분의 뜻을 이루어가는 삶을 살아야 하는 거야. 하나님의 사랑은 우리가 실패하고 넘어질 때도 여전히 우리를 사랑하시며, 그 사랑을 통해 우리는 다시 일어설 수 있어.

하나님의 사랑을 알면 알수록 우리는 그 사랑에 감사하며 살아가게 돼. 그 사랑에 응답하는 삶은 결코 평범하지 않아. 하나님의 사랑을 믿고 그 사랑에 따라 살아가는 삶은 세상에 큰 영향을 미치지.

하나님의 사랑에 응답하는 삶은 그 사랑을 세상에 비추는 일이야. 그 사랑을 통해 우리는 하나님의 나라를 이 땅에 이루어가는 사람들이 되는 거야.

하나님의 사랑을 받은 우리는 그 사랑을 나누는 삶을 살 때 가장 큰 기쁨을 느끼게 돼. 그 사랑이 우리의 삶을 이끌고, 우리는 하나님께 감사하며 그 사랑을 세상에 전하는 자가 되는 거야. 하나님의 사랑에 응답하는 삶은 우리가 할 수 있는 가장 중요한 일이며, 그 사랑을 통해 우리는 영원한 생명과 기쁨을 얻는 거야.

하나님의 사랑은 우리의 삶을 변화시키며,
그 사랑에 따라 살아갈 때 우리는 하나님의 뜻을 이룬다.
- 존 웨슬리 -

하나님 안에서의 평안과 기쁨

요 14:27 평안을 너희에게 끼치노니 곧 나의 평안을 너희에게 주노라 내가 너희에게 주는 것은 세상이 주는 것과 같지 아니하니라 너희는 마음에 근심하지도 말고 두려워하지도 말라

하나님께서 주시는 평안은 세상이 주는 평안과는 근본적으로 달라. 세상에서는 물질적 성공이나 외적인 조건을 통해 평안을 찾으려 하지만, 하나님이 주시는 평안은 내면에서 우러나오는 깊은 안정감과 평화야. 우리가 하나님과 동행할 때, 어떤 어려움과 고난 속에서도 그분의 평안이 우리의 마음을 지키지.

디트리히 본회퍼는 "하나님의 평안은 우리가 이해할 수 없는 상황 속에서도 우리를 지키며, 그 속에서 우리는 진정한 기쁨을 발견한다."라고 말했어.

하나님께서 주시는 평안은 우리의 상황과 상관없이 항상 우리 안에 존재해. 그 평안은 세상의 변화나 사람들의 말에 영향을 받지 않으며, 하나님의 사랑 안에서 우리는 항상 평안을 경험할 수 있어.

하나님은 우리가 혼자서 어려움을 겪을 때에도 항상 함께하셔. 우리가 두려움에 사로잡힐 때, 그분은 우리에게 평안을 주시고, 우리는 그 평안을 통해 다시 일어설 수 있는 거야. 하나님 안에서의 평안은 내적인 확신과 믿음에서 우러나오는 기쁨을 선물로 주시며, 우리는 그 기쁨 속에서 삶의 의미와 목적을 찾게 돼.

하나님의 평안은 우리가 어려운 상황을 마주할 때 진정한 기쁨을 느끼게 하지. 우리는 세상의 고난 속에서도 하나님이 주시는 기쁨으로 가득 차게 되며, 그 기쁨이 우리의 힘이 되어 어려움을 극복할 수 있게 하는 거지. 하나님께서는 우리의 마음을 평안하게 하시며, 그 평안을 통해 우리는 세상 그 무엇도 흔들 수 없는 기쁨을 경험하게 되는 거야.

하나님께서는 우리가 그의 평안과 기쁨을 누리며 살아가길 원하셔. 그분은 우리의 삶이 온전히 평안할 수 있도록, 그분의 인도하심을 따라 살아가게 하시지. 우리는 그분의 뜻을 따를 때, 어떤 상황에서도 기쁨과 평안이 넘치는 삶을 살 수 있어.

하나님께서 주시는 기쁨은 단지 일시적인 감정이 아닌, 우리가 하나님 안에서 경험하는 진정한 기쁨이야. 우리는 하나님의 뜻을 따를 때 진정한 기쁨을 발견하며, 그 기쁨은 우리의 삶을 변화시키고, 세상에 하나님의 빛을 비추는 힘이 되지.

하나님께서 주시는 평안과 기쁨은 우리의 마음을 온전히 채우며,

어떤 상황 속에서도 그분을 신뢰하고 의지하는 삶을 살게 해. 우리는 하나님 안에서 세상과 다른 평안과 기쁨을 누리며, 그 기쁨 속에서 하나님을 더 가까이 경험하게 되는 거야.

하나님께서 주시는 기쁨은 우리를 세상의 고난 속에도 지탱하게 하며,
그 기쁨 속에서 우리는 더 큰 믿음과 소망을 갖게 된다.
- 존 웨슬리 -

하나님 안에서의 참된 자유

갈 5:1 그리스도께서 우리로 자유롭게 하려고 자유를 주셨으니 그러므로 굳건하게 서서 다시는 종의 멍에를 메지 말라

우리는 종종 자유를 자기 마음대로 살아가는 것이라고 생각할 수 있지. 하지만 하나님의 말씀은 참된 자유가 자유로운 선택과 하나님의 뜻에 따른 삶 속에 있음을 가르치셔. 우리가 하나님께 순종하며 그분의 뜻을 따를 때, 우리는 세상의 제한과 억압에서 벗어나 진정한 자유를 경험하게 돼.

조나단 에드워즈는 "자유는 하나님께 순종하는 데서 비롯되며, 그분의 뜻을 따를 때 진정한 자유를 경험한다."라고 말했어. 이 말은 우리가 하나님과의 관계 속에서만 진정한 자유를 찾을 수 있다는 사실을 알려준 거야. 세상은 자기 욕망에 따라 자유를 찾으라고 유혹하지만, 하나님의 뜻 안에서만 우리는 진정한 자유를 경험할 수 있어.

하나님 안에서의 자유는 자기중심적인 삶에서 벗어나 하나님의 계획에 따라 살아가는 자유지. 우리는 자신의 욕망을 좇기보다는, 하나님께서 우리에게 주신 목적을 따라 살 때, 더 큰 자유를 얻게 돼.

그 자유는 우리의 마음과 영혼을 새롭게 하고, 세상의 유혹에 흔들리지 않도록 우리를 붙잡아주지.

하나님은 우리의 자유를 빼앗는 존재가 아니야. 오히려 하나님은 우리가 참된 자유를 누릴 수 있도록 우리의 삶을 인도하시지. 하나님의 뜻을 따를 때, 우리는 자신을 제약하는 것들에서 자유로워지며, 하나님의 나라를 이루는 데에 참여할 수 있게 돼.

하나님께서 주시는 자유는 우리가 자기 자신을 온전히 내려놓을 때 가장 큰 자유를 경험하게 되지. 우리는 하나님의 인도하심에 순종하는 삶을 통해, 진정한 자유를 누리게 되는 거야. 이 자유는 우리가 세상의 기준에 얽매이지 않고, 하나님의 기준에 따라 살아가는 자유야.

참된 자유는 하나님과의 관계 속에서만 얻을 수 있는 선물이야. 우리가 하나님의 뜻을 따를 때, 그 뜻 속에서 완전한 자유를 찾을 수 있어. 그 자유는 내적인 평안을 가져다주며, 우리가 하나님 안에서 살아갈 때 가장 큰 기쁨과 자유를 경험하게 돼.

하나님께서 우리에게 주신 자유는 우리의 삶을
그의 뜻에 맞춰 살아가는 것이다.
− 존 웨슬리 −

하나님의 뜻을 발견하는 법

신 6:5 너는 마음을 다하고 뜻을 다하고 힘을 다하여 네 하나님 여호와를 사랑하라

하나님의 뜻을 발견하는 것은 단순히 어떤 일을 결정하는 과정이 아니야. 하나님의 뜻을 찾는 것은 우리 삶의 가장 중요한 목적이야. 우리가 하나님 안에서 살아갈 때, 그분의 뜻을 알아가고 그것에 순종하는 것이야말로 우리의 존재 이유와 삶의 목적을 온전히 깨닫는 길이지.

우리가 하나님의 뜻을 알기 위해서는, 그분을 진심으로 사랑해야 해. 하나님의 뜻은 우리의 마음과 의지를 온전히 그분께 드릴 때에만 명확히 드러나. 우리의 삶이 하나님께 중심을 두고 살아갈 때, 그분의 뜻은 우리를 이끄는 빛이 되어 우리의 길을 인도하지.

하나님은 우리에게 사랑의 관계 속에서 그분의 뜻을 알려주셔. 우리는 그분과의 교제를 통해 점점 더 그분의 뜻을 알게 되고, 그 뜻을 따르는 삶을 이룰 수 있어. 하나님의 뜻을 찾는 첫 번째 단계는 하나님을 사랑하는 마음이야. 우리가 하나님을 마음속 깊이 사랑할 때,

그분의 뜻은 자연스럽게 우리의 삶에 드러나.

하나님의 뜻을 구하는 사람은 기도와 말씀을 통해 그 뜻을 찾아. 기도는 단지 우리가 원하는 것을 하나님께 구하는 시간이 아니라, 하나님의 뜻을 물으며 그분의 인도하심을 구하는 시간이야. 하나님께서는 우리가 그분의 뜻을 알고자 하는 마음으로 기도할 때, 우리의 마음을 열어주시고 그 뜻을 알려주시지.

하나님의 뜻은 언제나 우리의 선을 위한 것이야. 우리가 어떤 일을 결정할 때, 그 일이 하나님의 뜻에 맞는지 묻는 것은 우리 삶에서 하나님의 뜻을 따르는 중요한 과정이지. 하나님은 우리에게 좋은 것을 주시길 원하셔. 따라서 그분의 뜻을 따르는 것이 우리가 누릴 수 있는 가장 큰 축복이야.

조나단 에드워즈는 "하나님의 뜻을 구하는 자는 그의 삶에서 하나님의 뜻을 깨닫고 그것을 이루려 한다."라고 말했어.

우리가 하나님의 뜻을 구하고 그것을 따를 때, 우리는 하나님의 뜻이 우리의 삶을 인도하며 그 뜻에 따라 살아가는 기쁨을 경험하게 되지.

하나님의 뜻을 발견하는 것은 결코 어렵거나 멀리 있는 것이 아니야. 우리가 하나님과 깊은 관계 속에서 그 뜻을 찾을 때, 하나님의 뜻은 우리의 삶 속에서 명확히 나타나. 그 뜻을 따를 때, 우리는 하나님께서 인도하시는 대로 살아가는 것에 큰 기쁨을 느끼며, 그 뜻을 온전히 이루어가는 삶을 살아가게 돼.

하나님의 뜻을 발견하는 법은 하나님을 사랑하고 그분과의 관계 속에서 살아가는 것이야. 우리는 하나님을 사랑할 때, 그분의 뜻이 우리의 마음에 정확하게 드러나며, 그 뜻을 통해 우리의 삶은 점점 더 풍성하고 의미 있게 되는 거야.

―•⋘•―

하나님의 뜻을 찾는 것은 우리가 그분을 사랑할 때 이루어진다.
사랑하는 마음에서 하나님의 뜻이 나타난다.
― 본회퍼 ―

하나님께서 주신 인내의 중요성

히 10:36 너희에게 인내가 필요함은 너희가 하나님의 뜻을 행한 후에 약속하신 것을 받기 위함이라

우리는 모두 어려운 시기를 지나며 인내를 요구하는 순간에 맞닥뜨려. 그때마다 우리는 인내가 단순히 기다리는 것이 아니라, 하나님의 뜻을 따르며 견디는 것임을 기억해야 해. 하나님께서는 우리의 삶 속에서 인내를 통해 우리의 믿음이 더욱 굳건해지길 원하셔.

하나님께서 주신 인내는 우리가 어려운 순간을 지나며 하나님의 뜻을 따라가게 해. 우리가 힘들고 지칠 때, 하나님은 그때마다 우리에게 인내를 주셔서 그 고난을 견디도록 도와주시지. 인내는 우리의 믿음을 더욱 강하게 하고, 하나님의 계획을 이루어가는 중요한 열쇠가 돼.

우리는 하나님의 뜻을 알고 따라가려는 마음을 가질 때, 인내의 중요성을 더욱 깊이 이해할 수 있어. 하나님은 우리에게 모든 것을 쉽게 주지 않으셔. 어려움을 견디는 동안 우리가 하나님의 은혜와 능력을 더욱 의지하게 되기 때문이야. 그 인내를 통해 우리는 하나님의 의도대로 성장하고, 더욱 성숙해진 믿음을 갖게 되는 거야.

조나단 에드워즈는 "하나님의 인내는 우리의 영혼을 다듬는 도구이며, 고난 속에서 더욱 하나님의 성품을 닮아가게 한다."라고 말했어.

인내를 통해 우리는 하나님의 성품을 닮아가며, 그분의 사랑과 은혜를 깊이 경험하게 돼. 우리는 그 사랑을 통해 고난 속에서도 소망을 놓지 않으며, 하나님을 더 가까이 알게 돼.

하나님께서 주시는 인내는 우리가 어려운 상황을 견디는 능력이 되는 거야. 인내는 우리가 하나님을 의지하며 살아가는 중요한 자원이야. 우리는 하나님의 인도하심 속에서 점점 더 강해지고, 어떤 고난 속에서도 끝까지 하나님을 신뢰할 수 있는 믿음을 가지게 해.

우리는 인내를 통해 하나님의 뜻을 이루어가는 중요한 여정에 있어. 하나님께서 우리에게 주신 인내는 단순한 기다림이 아닌, 하나님의 뜻을 행하며 견디는 힘이야. 우리는 인내의 과정을 통해 하나님과 더욱 깊은 관계를 맺고, 그 뜻을 이루어가는 삶을 살아갈 수 있어.

하나님의 인내는 우리를 단련시키며, 그 인내를 통해 우리는 하나님의 영광을 나타내는 사람이 되는 거야. 인내를 통해 하나님의 뜻을 따라가는 힘을 얻고, 우리는 더 큰 믿음과 소망을 품게 돼.

인내는 단지 고난을 참는 것이 아니다.
그것은 하나님께서 우리의 영혼을 단련시키는 방법이다.
– 어거스틴 –

하나님께서 주신 평안

요 16:33 세상에서는 너희가 환난을 당하나 담대하라 내가 세상을 이기었노라

세상은 늘 혼란과 불안으로 가득 차 있어. 하지만 하나님께서 주시는 평안은 우리가 세상의 고난과 어려움 속에서도 평안을 유지할 수 있도록 도와줘. 하나님의 평안은 우리가 세상의 기준에 맞추지 않고, 하나님 안에서 안식을 찾을 때 비로소 우리의 마음에 온전히 자리 잡아.

하나님께서 주시는 평안은 세상에서 누릴 수 없는 진정한 안식을 선물로 주셔. 이 평안은 단순히 외적인 평화가 아니라, 내면의 깊은 평화야. 우리가 하나님과의 관계 속에서 그분의 평안을 받아들일 때, 세상에서 오는 모든 두려움과 불안은 그 평안 앞에서 사라지게 돼.

하나님께서 주시는 평안은 우리를 다스리고, 우리의 마음을 지켜. 이 평안은 단순히 어려움을 피하는 것이 아니라, 그 가운데서도 하나님을 신뢰하며 지내는 거야. 우리는 세상의 시끄러움 속에서도 하나님 안에서 깊은 평안을 경험할 수 있어.

존 웨슬리는 "하나님의 평안은 우리의 영혼을 고요하게 하고, 우리를 흔들리지 않게 만든다."라고 말했어.

하나님께서 주시는 평안은 우리의 마음이 흔들리지 않게 하며, 그분의 평화를 통해 우리는 어떤 상황에서도 차분하게 대응할 수 있어. 우리는 이 평안을 통해 어려운 상황을 이겨내고, 하나님의 뜻을 따라 차분히 그 길을 걸어갈 수 있지.

하나님의 평안은 우리가 기도와 말씀을 통해 하나님과 교제할 때 그 안에서 더욱 깊고 강하게 경험할 수 있어. 기도와 말씀은 우리가 하나님의 평안을 마음속에 새기고, 그 평안으로 세상의 불안에 흔들리지 않게 해. 우리는 하나님께서 주시는 평안을 통해 세상의 어떤 어려움도 이겨낼 수 있어.

어거스틴은 "하나님의 평안은 그 어떤 세상의 고통도 넘어서며, 우리의 마음을 하나님께서 주시는 완전한 안식으로 채운다."라고 말했어.

우리가 하나님께 의지할 때 그 평안은 우리의 마음을 채우며, 우리는 세상의 고통과 불안 속에서도 하나님의 평안을 느낄 수 있게 돼. 하나님의 평안은 우리가 하나님과 깊은 관계를 맺을 때 우리 안에 넘쳐흐르게 되지.

우리는 하나님께서 주신 평안을 통해 세상의 시끄러움 속에서도 온전한 평화를 경험할 수 있어. 그 평안은 우리의 마음을 지켜주고, 세상에서 오는 불안과 두려움을 물리치지. 하나님께서 주시는 평안은 하나님의 사랑과 임재 속에서 찾을 수 있으며, 그 평안으로 우리는 모든 고난을 이겨낼 수 있어.

하나님의 평안은 우리가 세상에서 겪는 불안과 고통을 뛰어넘는 것이다.
그것은 우리의 마음속에서 깊은 쉼을 찾게 한다.
− 나우웬 −

하나님께서 주신 은혜

딛 2:11 모든 사람에게 구원을 주시는 하나님의 은혜가 나타나

하나님께서 주시는 은혜는 단순히 우리가 받을 자격이 없을 때 주어지는 선물이야. 이 은혜는 우리가 하나님께 가까이 가는 길을 열어주며, 우리를 변화시키는 능력이 돼. 하나님의 은혜는 우리가 한 일을 따라 주어지는 것이 아니라, 하나님의 사랑과 자비로 주어지는 선물이야. 우리는 그 은혜를 받음으로써 새로운 삶을 살 수 있는 거야.

본회퍼는 "하나님의 은혜는 우리가 그분 앞에서 아무것도 할 수 없을 때, 오히려 하나님의 사랑이 가장 빛을 발한다."라고 말했어.

하나님의 은혜는 우리가 아무것도 할 수 없는 상황에서 가장 강하게 나타나. 그 은혜는 우리가 하나님께 의지하며 살아갈 때, 우리가 겪는 모든 어려움과 죄악 속에서 우리의 마음을 변화시키지.

하나님께서는 우리를 자격 없이 사랑하시며, 그 은혜로 우리를 구속하셔. 우리는 하나님의 은혜를 통해 죄와 허물을 용서받고, 새로운 사람으로 다시 태어날 수 있는 기회를 얻지. 이 은혜는 우리가 하나

님의 뜻을 이루는 삶을 살아가게 하고, 그 뜻을 실천하며 세상 속에서 하나님의 영광을 나타내게 하지.

하나님의 은혜는 우리가 겪는 고난 속에서도 우리의 길을 비춰주며, 우리가 하나님의 뜻을 따를 수 있도록 돕지. 우리는 그 은혜로 세상의 유혹과 시험 속에서도 하나님의 뜻을 따라 살아갈 수 있어. 하나님의 은혜는 우리가 끝없이 그분을 의지하며 살아가게 만들어.

하나님의 은혜는 우리의 연약함을 채워주며, 우리를 다시 일어설 수 있도록 돕지. 우리는 하나님의 은혜에 의지할 때 비로소 하나님께서 원하는 삶을 살아갈 수 있는 거야.

하나님의 은혜는 우리를 사랑으로 변화시키는 능력이야. 이 은혜는 우리가 하나님을 따르는 길에서 겪는 어려움과 고난을 극복하는 힘이 되지. 우리는 이 은혜를 통해 하나님을 더 깊이 알게 되고, 그분의 뜻을 더 잘 따를 수 있는 사람이 되는 거야.

하나님께서 주시는 은혜는 세상이 줄 수 없는 평화와 소망을 우리에게 안겨줘. 그 은혜는 우리가 어떤 죄도, 어떤 고난도, 어떤 두려움도 넘어설 수 있도록 힘을 주며, 하나님께서 주시는 새로운 삶을 살아가게 만들어.

우리는 하나님의 은혜를 통해 새로운 삶을 시작할 수 있어. 하나님의 은혜는 우리가 죄에서 구원받고, 하나님과의 관계를 회복하게 해. 그 은혜로 우리는 하나님의 뜻을 따라 살아가는 사람으로 변화되는 거야.

하나님의 은혜는 우리가 아무리 부족해도,
그분의 사랑을 통해 다시 일어설 수 있는 힘을 준다.
- 어거스틴 -

하나님께서 주신 용서

마 6:14-15 너희가 사람의 잘못을 용서하면 너희 하늘 아버지께서도 너희 잘못을 용서하시려니와 너희가 사람의 잘못을 용서하지 아니하면 너희 아버지께서도 너희 잘못을 용서하지 아니하시리라

하나님께서 주신 용서는 우리를 새롭게 만드는 능력이야. 우리가 하나님께 용서를 구할 때, 그분은 우리를 끝까지 용서하시며 우리를 새롭게 시작할 기회를 주셔. 하나님께서 주신 용서는 단순히 죄를 용서하는 것에 그치지 않고, 우리의 마음을 정화시키고, 새로운 삶을 살아갈 수 있도록 해.

웨슬리는 "하나님의 용서는 단순히 우리의 죄를 씻어주는 것이 아니라, 우리를 다시 하나님과의 관계 속으로 인도하는 힘이다."라고 말했어.

하나님께서 주신 용서는 우리의 죄를 씻어내고, 우리를 하나님과 깊은 관계로 이끌어 주지. 그 용서를 통해 우리는 새로운 삶을 살 수 있는 길을 얻게 되며, 하나님과의 관계가 회복되는 거야.

우리는 하나님께 용서를 받을 때, 하나님께서 그 용서로 우리를 변화시키고 새로운 삶을 살게 하신다는 것을 깨달아야 해. 우리는 하나님의 용서를 받음으로써, 하나님과 더 가까워지고, 그분의 뜻을 이루는 삶을 살아갈 수 있게 돼.

하나님께서 우리에게 주신 용서는 우리가 받은 것이기 때문에, 그 용서를 다른 사람에게도 나누어야 해. 우리는 하나님의 용서를 깊이 깨달을 때, 다른 사람을 용서하는 마음을 가질 수 있어. 우리가 다른 사람을 용서할 때, 우리는 하나님께서 우리에게 주신 사랑을 실천하는 거야.

하나님의 용서는 우리를 변화시키고, 그 용서가 우리의 삶 속에서 구원의 열매를 맺게 해. 우리는 그 용서를 통해 다시 시작할 수 있는 힘을 얻고, 하나님과 더 깊은 관계를 맺으며 그분의 뜻을 이루는 삶을 살아갈 수 있어.

하나님께서 주시는 용서는 우리를 새로운 사람으로 만들어가지. 우리는 그 용서 안에서 새로운 시작을 할 수 있으며, 그 용서를 통해 하나님의 사랑을 온전히 경험할 수 있어. 하나님께서 주시는 용서는 우리에게 평화와 자유를 가져다주며, 그 용서를 통해 우리는 하나님과 더욱 가까워지지.

———— · ⋘ · ————

진정한 용서는 우리가 받은 하나님의 사랑을 다른 사람에게 전하는 것이다.
— 본회퍼 —

하나님께서 주신 사랑

요 3:16 하나님이 세상을 이처럼 사랑하사 독생자를 주셨으니 이는 그를 믿는 자마다 멸망하지 않고 영생을 얻게 하려 하심이라

하나님의 사랑은 무조건적이고, 끝이 없는 사랑이야. 그 사랑은 우리가 어떠한 죄를 지었든지, 우리가 어떻게 행동했든지 상관없이 우리를 사랑하시고, 우리를 위해 독생자를 보내주셨어. 이 사랑은 우리가 받을 자격이 없을 때 오히려 더 크게 주어졌어. 하나님의 사랑은 우리의 삶을 변화시키고, 우리를 새롭게 해.

나우웬은 "하나님의 사랑은 우리를 조건 없이 사랑하며, 우리가 그 사랑을 깨닫고 그 안에서 살아갈 때 진정한 평안을 찾게 된다."라고 말했어. 하나님의 사랑을 우리가 조건 없이 받는다는 사실을 깨달을 때 우리의 마음은 평안해지고, 삶이 변화되지. 이 사랑은 우리가 자신의 부족함을 인정하고, 하나님께서 주시는 사랑을 받아들일 때 하나님의 뜻을 이루는 삶을 살게 해.

하나님의 사랑은 단지 우리에게 주어진 선물에 그치지 않아. 그 사랑은 우리가 그분을 사랑하며, 하나님의 사랑을 다른 사람에게 나

누는 삶을 살아가도록 이끌지. 하나님의 사랑은 우리가 세상의 이기적인 사랑과는 다른, 진정한 사랑을 실천할 수 있도록 해.

하나님의 사랑은 우리가 힘든 순간에도 하나님을 의지하며 살게 만들어. 우리는 하나님의 사랑을 통해 세상에 진정한 사랑을 전하며, 그 사랑을 나누는 삶을 살아가는 거야.

하나님의 사랑은 우리가 세상을 살아가면서도 그분의 사랑을 경험하고, 그 사랑을 통해 세상에 빛을 전할 수 있도록 해. 이 사랑은 우리가 하나님을 믿고 따르는 사람으로서, 세상의 모든 사람에게 사랑을 나누며 살아갈 수 있는 힘을 주지.

웨슬리는 "하나님의 사랑을 깨달을 때, 우리는 자신을 넘어서는 사랑을 실천할 수 있게 된다."라고 말했어. 하나님의 사랑은 우리가 자신의 한계를 넘어 타인을 사랑하고, 세상에 빛을 비추는 삶을 살게 해. 우리는 하나님의 사랑을 통해 세상을 변화시킬 수 있는 존재로 살아갈 수 있어.

하나님의 사랑은 우리의 삶의 중심이 되어, 우리를 이끌고, 우리의 모든 행동과 생각을 변화시켜. 그 사랑을 통해 우리는 세상에 빛을 전하는 도구로 살아갈 수 있어. 하나님의 사랑은 끝없이 흘러넘쳐, 우리가 그 사랑을 나누며 살아갈 때 세상의 어두움을 물리칠 수 있는 힘을 주지.

우리는 하나님의 사랑을 통해 새로운 삶을 살게 되고, 그 사랑을 나누며 세상을 더 나은 곳으로 만들어가는 사람이 되는 거야. 하나님의 사랑은 우리를 세상에 보내셔서, 그 사랑을 세상에 전할 수 있도록 하지.

하나님의 사랑은 우리가 살아가는 모든 순간에 함께하시며,
그 사랑이 우리의 삶을 이끌어간다.
— 어거스틴 —

하나님의 계획

렘 29:11 여호와의 말씀이니라 너희를 향한 나의 생각을 내가 아나니 평안이요 재앙이 아니니라 너희에게 미래와 희망을 주는 것이라

하나님은 우리 각자에게 특별한 계획을 가지고 계셔. 우리는 자신의 삶을 살아가면서 때로는 그 계획이 보이지 않고, 고난과 어려움이 다가올 때 하나님이 우리에게 무엇을 원하시는지 알 수 없을 때가 있어. 하지만 하나님께서 우리에게 주신 계획은 우리에게 평안과 희망을 주는 계획임을 기억해야 해.

나우웬은 "하나님께서 우리의 삶에 계획을 두셨다면, 그 계획을 믿고 따르는 것이 중요하다. 하나님을 믿고 순종할 때 우리는 그분의 뜻을 이루며 살게 된다."라고 말했어. 하나님의 계획은 우리를 위한 최선의 길로 이끌고 계셔. 우리는 하나님의 계획을 믿고 따를 때, 그 계획 속에서 진정한 기쁨과 평안을 찾을 수 있어.

우리는 때때로 자신의 계획이 실패하거나 기대와 다르게 삶이 흘러갈 때 하나님의 뜻을 믿는 것이 어려울 수 있어. 하지만 하나님은 우리에게 미래와 희망을 주시기 위해 우리를 가장 좋은 길로 인도하

셔. 하나님의 계획은 우리의 삶을 완성하는 길이며, 그 계획을 따르는 순간, 우리는 하나님의 뜻을 이루는 사람이 되는 거야.

하나님은 우리에게 복잡한 인생의 길을 제시하시기보다, 그분의 뜻을 따르며 걸어가도록 인도하시지. 우리는 하나님의 계획을 믿고 순종할 때, 그분의 놀라운 섭리를 경험하고 평안과 기쁨을 누리게 되는 거야.

하나님의 계획은 우리에게 진정한 자유를 주며, 우리의 삶을 축복과 기쁨으로 채우지. 우리는 그분의 계획을 믿고 따라가며, 하나님의 영광을 드러내는 삶을 살아가게 해.

하나님의 계획은 우리가 상상할 수 없을 만큼 위대한 것이다.
우리가 그 계획을 믿고 따를 때, 우리는 진정한 구속의 역사를 경험할 것이다.
– 존 웨슬리 –

하나님의 은혜

딛 2:11 모든 사람에게 구원을 주시는 하나님의 은혜가 나타나

하나님의 은혜는 우리에게 주어진 가장 큰 선물이야. 그 은혜는 우리가 아무것도 할 수 없을 때 하나님께서 무조건적으로 베풀어 주시는 사랑이지. 우리는 하나님의 은혜 없이는 아무것도 할 수 없으며, 그 은혜가 우리의 삶을 변화시키고 하나님의 뜻을 이루는 삶으로 이끌지.

하나님의 은혜는 우리가 받을 자격이 없을 때 우리에게 주어진 선물이야. 그 은혜는 우리의 부족함과 죄악을 덮어주며, 우리의 삶을 새롭게 변화시키는 능력을 가지고 있어. 우리는 그 은혜를 통해 하나님과의 관계를 회복하고, 하나님의 뜻을 이루어 가는 삶을 살아갈 수 있어.

하나님의 은혜는 우리가 너무 자주 잊고 살지만, 우리를 향한 하나님의 끝없는 사랑을 깨닫는 순간 우리는 진정한 평안과 기쁨을 찾을 수 있어. 그 은혜는 우리의 삶을 새롭게 하고, 하나님을 더욱 사랑하며 순종하게 만들지.

우리는 하나님의 은혜를 받았을 때, 그 은혜를 타인에게 나누는 삶을 살아야 해. 하나님의 은혜는 우리의 삶을 변화시키는 힘이 되며, 그 은혜를 나누는 삶은 하나님께 영광을 돌리는 삶이 되는 거야.

웨슬리는 "은혜는 단지 우리의 죄를 용서하는 것에 그치지 않는다. 그것은 우리가 하나님과의 관계 속에서 살아가게 하는 능력이다."라고 말했어. 하나님의 은혜는 우리에게 구원의 길을 열어주고, 그 은혜를 통해 우리는 하나님과의 관계를 회복하며, 그분의 뜻을 이루는 삶을 살아갈 수 있어.

우리는 하나님의 은혜를 받을 자격이 없지만, 그 은혜는 우리를 새롭게 하며, 우리의 삶에 하나님의 뜻을 이루어가는 능력을 주셔. 하나님의 은혜는 우리의 삶 속에서 실천되며, 우리는 그 은혜를 다른 사람들에게 나누는 삶을 살아가야 해.

하나님의 은혜는 우리의 삶에 빛을 비추며, 어두운 곳에서 우리의 길을 인도하는 등불이 되지. 우리는 그 은혜를 믿고 따르며, 하나님의 뜻을 이루는 삶을 살아가게 돼. 하나님의 은혜는 우리에게 주어진 선물이니, 그 은혜로 하나님과 더 가까워지자.

하나님의 은혜는 우리가 받을 자격이 없을 때 주어지며, 그 은혜는
우리를 구속하는 힘이 된다. 은혜를 받은 자는 다른 이에게
그 은혜를 나누어야 한다.
– 본회퍼 –

하나님의 사랑

요일 4:16   하나님은 사랑이시라 사랑 안에 거하는 자는 하나님 안에 거하고 하나님도 그의 안에 거하시느니라

하나님의 사랑은 우리가 이해할 수 없는 방식으로 깊고 넓어. 하나님은 우리를 사랑하시기 때문에 우리가 아무리 부족하고, 어떤 죄와 실수로 가득 찬 존재일지라도 그 사랑을 포기하지 않으셔. 하나님의 사랑은 변하지 않으며, 영원히 우리와 함께 하시지.

우리는 하나님의 사랑을 경험할 때 진정한 자유와 기쁨을 느낄 수 있어. 이 사랑은 우리를 짓누르는 죄와 고통에서 벗어나게 하고, 우리는 그 사랑에 힘입어 하나님과의 관계를 회복할 수 있지. 하나님은 세상을 이처럼 사랑하셔서 독생자를 보내셨고, 그 사랑으로 우리는 구원과 영생을 얻을 수 있어.

하나님의 사랑은 우리가 받을 자격이 없을 때 우리에게 주어진 선물이야. 우리는 그 사랑을 경험하며 그 사랑을 세상에 전할 사명을 받았어. 하나님의 사랑은 우리를 변화시키며, 우리를 다른 사람들에게 사랑을 나누는 사람으로 만들었지.

나우웬은 "하나님의 사랑은 끝이 없고, 우리가 그 사랑을 경험할 때 우리는 진정한 삶을 살아가게 된다. 그 사랑은 우리가 어떻게 살아가야 할지를 보여준다."라고 말했어. 하나님의 사랑을 경험할 때, 우리는 그 사랑에 감사하며 살아갈 수 있어. 우리는 하나님의 사랑을 세상에 나누며, 그 사랑을 실천하는 삶을 살아가는 거야.

하나님의 사랑은 우리가 다른 사람에게 사랑을 나누는 방법을 가르쳐 주고 있어. 우리는 하나님의 사랑을 실천하며 세상을 사랑하는 자가 되어야 해. 하나님의 사랑은 우리에게 주어진 축복이며, 그 사랑을 나누며 세상을 변화시키는 사람이 되는 거야.

하나님의 사랑은 우리가 언제나 받을 자격이 없지만, 그 사랑이 우리를 붙잡고 인도하셔. 하나님의 사랑은 우리가 어떤 어려움 속에 있더라도, 항상 변하지 않으며 우리를 위한 길을 예비하시지.

우리는 하나님의 사랑을 경험할 때, 그 사랑으로 인해 우리의 마음이 변화하고, 하나님과 더 가까워지는 경험을 하게 해. 하나님의 사랑은 우리를 하나님의 자녀로 만들어, 세상 속에서 그 사랑을 나누는 삶을 살도록 이끌지.

하나님의 사랑은 우리의 삶을 깊이 변화시키며, 우리를 진정한 삶으로 이끄는 힘이야. 우리는 하나님의 사랑을 경험하고, 그 사랑을 믿고 따르며 세상 속에서 하나님의 사랑을 전하는 삶을 살아가게 돼.

하나님의 사랑은 우리가 어떤 상황에 있든지, 결코 변하지 않으며, 영원히 우리와 함께 하셔. 그 사랑을 믿고 따르며, 우리는 진정한 기쁨과 평안을 누리자.

하나님의 사랑은 우리가 사랑을 나누는 자가 될 때 그 의미가 온전히 드러난다.
사랑은 결코 우리가 받은 것에 그치지 않는다.
사랑은 나누어야 하는 것이다.
- 존 웨슬리 -

하나님을 경외하는 마음

잠 9:10 여호와를 경외하는 것이 지혜의 근본이요 거룩하신 자를 아는 것이 명철이니라

하나님을 경외하는 마음은 우리의 신앙의 기초지. 이 경외심은 하나님의 위대함과 그분의 능력에 대한 깊은 존경에서 비롯돼. 하나님을 경외하는 것은 단순한 두려움이 아니라, 하나님의 존귀함과 위대함을 깨닫고 그 앞에 낮아지는 태도야.

하나님을 경외하는 사람은 하나님의 뜻에 순종하며, 그분의 뜻을 이루기 위해 모든 삶을 헌신적으로 살아가. 하나님을 경외함으로써 우리는 그분의 뜻을 이해하고, 하나님의 인도하심을 따라가게 되는 거야. 그렇게 살아갈 때, 우리의 삶은 점점 더 풍성해지고, 하나님의 은혜와 축복을 경험하게 돼.

하나님을 경외하는 마음은 우리의 믿음을 실천으로 옮기는 힘이 되지. 우리는 하나님을 경외할 때, 하나님을 더 알게 되고, 그분의 뜻을 우리의 삶에 적용해 나가게 되는 거야.

웨슬리는 "하나님을 경외하는 마음은 우리가 하나님께 순종하는 이유이며, 그 순종은 우리를 거룩하게 만든다."라고 말했어. 하나님을 경외하는 것은 하나님께 순종하는 삶으로 이어지는 거야. 우리는 하나님을 경외할 때, 그분의 뜻을 따르고, 그분의 뜻을 이루는 삶을 살아가게 되지.

하나님을 경외하는 마음은 우리가 세상 속에서 살아갈 때, 모든 일에 하나님의 뜻을 우선시하는 태도로 나타나. 그렇게 살 때, 우리는 하나님의 계획 속에서 살아가는 기쁨과 평안을 경험하게 되는 거야. 하나님을 경외하는 것은 우리 삶의 중심에 하나님을 두는 일이며, 그 중심에서 하나님의 인도하심을 받으며 살아가는 거야.

하나님을 경외하는 마음은 우리의 삶을 깊이 변화시키며, 우리를 거룩하고 의로운 삶으로 이끌지. 우리는 하나님을 경외할 때, 그분의 뜻에 따라 살아가는 사람으로 변하게 돼.

하나님을 경외하는 마음은 우리가 어떤 어려움에 처해 있더라도, 그분의 뜻을 따르며 평안과 기쁨을 누리는 길이 되지. 우리 모두 하나님을 경외함으로써 그분의 뜻을 이루는 삶을 살아 보자!

> 하나님을 경외하는 것은 우리가 하나님을 아는 지식에서 비롯되며,
> 그 지식은 단순히 머리로 아는 것이 아니라,
> 우리의 삶으로 실천되는 것이다.
> — 본회퍼 —

내가 너를 안다

여호와의 계획은 영원하시고
그의 생각은 대대에 이르리로다
시편 33편 11절

인내의 힘

롬 5:3-4 우리가 환난 중에도 즐거워하나니 이는 환난은 인내를, 인내는 연단을, 연은 소망을 이루는 줄 앎이로다

인내는 하나님께서 우리에게 주신 중요한 미덕이야. 어려운 상황에 처했을 때, 우리는 인내로써 하나님의 뜻을 기다리고 신뢰할 수 있어.

하만의 이야기에서 우리는 인내가 어떻게 중요한 역할을 하는지 볼 수 있어. 하만은 모든 권력을 손에 쥐고, 자신 뜻대로 사람들을 조종하고자 했지만, 하나님의 뜻은 결코 그를 따라가지 않았어. 그의 끝은 자신이 세운 함정에 빠지게 되었고, 하나님은 그를 치셨지. 이 이야기는 우리가 하나님을 신뢰하고 기다릴 때, 하나님의 계획이 반드시 이루어짐을 보여주고 있어.

어거스틴은 "하나님께서는 우리에게 고난을 주시지만, 그것은 우리를 연단하시고, 우리를 더욱 신뢰하게 하려는 뜻이 있다."라고 말했어. 어거스틴의 말처럼, 인내는 우리가 하나님을 더 깊이 신뢰하게 만드는 중요한 과정이지. 우리는 고난 속에서 하나님을 더 믿고 의지

하게 되며, 그 믿음이 성장할 때 하나님께서 주시는 평안과 힘을 경험하게 돼.

인내는 단순히 어려운 상황을 버티는 것이 아니라, 하나님과의 관계를 더욱 깊어지게 만드는 과정이야. 우리는 인내를 통해 하나님과 더 가까워지며, 그분의 뜻을 이루는 삶을 살아갈 수 있어.

나우웬은 인내에 대해 "인내는 우리가 우리의 계획과 기대를 내려놓고, 하나님께서 주시는 대로 순종하는 마음이다."라고 말했지. 나우웬의 말처럼, 인내는 우리의 욕망과 계획을 내려놓고, 하나님께서 주시는 대로 순종하는 과정이야. 우리는 하나님께서 주시는 은혜와 인도를 기다리며, 그분의 뜻을 신뢰할 때, 진정한 인내를 배우게 되는 거야.

야고보서 5장 7절에서는 "그러므로 형제들아 주께서 강림하시기까지 길이 참으라 보라 농부가 땅에서 나는 귀한 열매를 바라고 길이 참아 이른 비와 늦은 비를 기다리나니 너희도 길이 참고 마음을 굳건하게 하라"라고 말씀하고 있어. 이 구절은 농부가 열매를 맺기까지 기다리는 것처럼, 우리가 하나님의 계획을 믿고 기다리는 것이 얼마나 중요한지 가르쳐 주고 있어. 우리는 인내하며 하나님을 기다리고 신뢰하는 삶을 살아야 해. 하나님의 시간은 우리의 시간과 다르지만, 그분의 계획은 항상 최선의 때에 이루어져.

하나님의 뜻을 기다리고, 그분을 신뢰하는 것이 인내의 핵심이야.

인내를 통해 우리는 하나님께서 주시는 은혜와 인도를 경험하며, 그분의 뜻을 이루는 삶을 살아가야 헤.

하나님은 우리가 인내할 때, 그 속에서 우리에게 성장과 변화를 주신다.
인내는 단지 기다림이 아니라, 하나님과 더 가까워지는 과정이다.
— 존 웨슬리 —

감사의 삶

골 3:17 무엇을 하든지 말에나 일에나 다 주 예수의 이름으로 하고 그를 힘입어 하나님 아버지께 감사하라

감사는 우리 신앙의 핵심적인 부분이야. 하나님께서 베푸신 은혜에 대해 감사하는 마음은 우리의 삶을 하나님과 더욱 가까워지게 하고, 우리의 마음을 하나님께 향하게 해.

감사의 삶은 단순히 좋은 일이 있을 때만 하는 것이 아니야. 어려움 속에서도 감사하는 마음을 갖는 것은 하나님을 믿는 사람의 진정한 태도지. 하나님의 뜻을 신뢰하고, 그분이 이루실 일들을 믿으며 감사하는 마음을 갖는 것은 우리의 믿음을 더욱 굳건하게 만들어.

존 웨슬리는 "하나님께 감사하는 마음은 우리의 삶을 변화시킨다. 감사는 우리가 하나님의 은혜를 인정하고, 그분의 사랑을 마음에 새기는 일이기 때문이다."라고 말했어.

감사는 하나님의 은혜를 깨닫고, 그 은혜에 대한 반응으로 우리의 삶을 변화시키는 힘이 있어. 우리는 하나님의 은혜를 감사함으로 깨

닫고, 그 은혜에 합당한 삶을 살아갈 수 있어.

감사는 하나님을 향한 우리의 마음을 온전히 바꾸는 과정이야. 우리는 감사할 때, 하나님의 사랑을 깊이 느끼고, 그 사랑에 따라 살아가는 마음이 생기지.

나우웬은 감사를 "감사는 우리가 무엇을 받았는지, 그리고 하나님께서 우리를 위해 하신 일이 무엇인지 깊이 묵상할 때 자연스럽게 나오는 마음이다."라고 설명해.

감사는 우리가 받은 은혜를 되새기고, 하나님께서 우리의 삶에 베푸신 사랑을 묵상하는 과정에서 나오는 거야. 우리는 감사하는 마음을 갖는 순간, 하나님의 은혜를 더욱 깊이 깨닫고, 그분과의 관계가 더 가까워지지.

빌립보서 4장 6절에서 "아무것도 염려하지 말고 오직 모든 일에 기도와 간구로, 너희 구할 것을 감사함으로 하나님께 아뢰라"라고 말씀하고 있어.

감사는 우리의 기도와 간구에 동반되는 중요한 태도야. 우리는 하나님께 구하는 모든 것에 감사하는 마음을 담을 때, 하나님께서 우리의 기도에 응답하실 때, 더 큰 기쁨과 평안을 경험할 수 있어.

감사는 우리의 마음을 하나님께로 향하게 하고, 하나님의 은혜와 사랑을 더 깊이 느끼게 해주지. 우리는 감사하는 삶을 통해, 하나님과의 관계가 더욱 깊어지고, 우리의 삶이 하나님의 은혜로 충만해지지.

감사는 우리의 마음을 하나님께 향하게 만든다. 감사할 때,
우리는 그분의 사랑을 더 깊이 깨닫고, 그분의 뜻을 따를 수 있다.
– 어거스틴 –

하나님의 계획과 우리의 삶

시 33:11 여호와의 계획은 영원히 서고 그의 생각은 대대에 이르리로다

하나님의 계획은 우리가 상상하는 것보다 크고 놀라운 것이야. 때로 하나님의 계획이 우리에게 뜻대로 이루어지지 않는다고 느낄 때가 있어. 그러나 하나님은 언제나 최선의 계획을 갖고 계시고, 그분의 계획은 언제나 완전하고 완벽하지.

우리는 하나님의 계획을 이해하기 어렵거나, 우리의 기대와 다를 때에도 하나님의 뜻을 신뢰하고 따라야 해. 그때 우리는 하나님께서 우리를 위해 준비하신 길을 발견하게 되고, 그 길을 걸어갈 때 진정한 평안과 기쁨을 경험하게 되는 거야.

어거스틴은 하나님께서 우리에게 주시는 계획을 "하나님의 계획은 항상 우리의 선을 위한 것이다. 우리가 그분의 뜻에 순종할 때, 그분은 우리의 삶을 통해 영광을 받으신다."라고 설명해. 어거스틴의 말처럼, 하나님의 계획은 우리의 선을 위한 계획이야. 우리는 그분의 뜻을 따를 때, 그분의 은혜와 사랑을 더 깊이 경험하고, 하나님께서 준비하신 가장 좋은 길로 인도받지.

나우웬도 "하나님의 계획은 우리가 예기치 못한 순간에 나타나지만, 그때 우리는 그분을 더욱 신뢰하며 살아가게 된다."라고 말했어. 나우웬의 말처럼, 하나님의 계획은 때로 우리에게 예기치 않은 방식으로 나타나기도 해. 하지만 그 계획을 신뢰하고 따라갈 때, 우리는 하나님의 인도하심 속에서 더욱 풍성한 삶을 살아갈 수 있어.

예레미야 29장 11절에서 하나님은 "여호와의 말씀이니라 너희를 향한 나의 생각을 내가 아나니 평안이요 재앙이 아니니라 너희에게 미래와 희망을 주는 것이니라"라고 말씀하셨어. 이 구절은 하나님께서 우리에게 주시는 계획이 우리에게 평안과 희망을 주기 위한 것임을 확신하게 해. 우리는 하나님의 계획을 신뢰하고 따를 때, 그분의 뜻이 우리의 삶을 통해 이루어지며, 우리는 그분의 인도하심 속에서 평안을 누리게 되는 거야.

하나님의 계획은 우리의 삶을 인도하고 변화시키는 힘이야. 우리는 하나님의 뜻을 신뢰하고 따라가며, 그분의 계획을 이루어 나갈 수 있어. 하나님의 계획은 우리가 예상하는 방식과는 다를지라도, 그 계획이 우리의 삶을 더욱 풍성하고 의미 있게 만들도록 해야 해.

하나님의 계획을 신뢰하라. 그것이 우리가 이해할 수 없는 순간에도,
하나님은 여전히 우리의 삶을 인도하신다.
- 존 웨슬리 -

믿음과 순종

마 7:24 그러므로 누구든지 나의 이 말을 듣고 행하는 자는 그 집을 반석 위에 지은 지혜로운 사람 같으리니

믿음은 단순히 하나님을 믿는 것에 그치지 않아. 진정한 믿음은 하나님의 말씀에 순종하며 살아가는 거야. 믿음과 순종은 서로 떼려야 뗄 수 없는 관계에 있어. 우리는 하나님의 말씀을 믿고 따를 때, 그 믿음이 우리의 삶 속에서 실천되며 하나님을 향한 진정한 순종으로 나타나.

본회퍼는 "믿음은 결코 공허한 감정이 아니다. 믿음은 실천되는 것이다. 하나님을 믿는다는 것은 그분의 뜻을 따라 살아가는 것이다."라고 말했어. 본회퍼의 말처럼, 믿음은 감정이나 말로만 끝나는 것이 아니야. 우리는 하나님을 믿을 때, 그분의 뜻에 순종하며 살아가야 해.

믿음은 순종으로 완성되지. 우리가 하나님의 말씀을 믿고 따를 때, 그 믿음이 우리의 삶 속에서 실체가 되어 나타나.

나우웬은 순종에 대해 "순종은 우리가 하나님과의 관계를 확립하는 방법이다. 하나님께 순종하는 것은 하나님을 사랑하는 가장 큰 방법이다."라고 설명했어. 나우웬의 말처럼, 순종은 하나님을 사랑하는 구체적인 방법이야. 우리는 하나님께 순종할 때, 그분과의 관계가 더욱 깊어지고, 그분의 뜻을 우리의 삶에서 이루어가는 길로 인도받아.

야고보서 2장 17절에서는 "행함이 없는 믿음은 그 자체가 죽은 것이라"라고 말씀하셨어. 믿음과 순종은 서로를 완성하는 관계지. 우리가 진정으로 믿는다면, 그 믿음이 우리의 삶 속에서 행함으로 나타나. 믿음은 하나님의 말씀을 믿고 따르는 행위로 나타나는 거야.

하나님을 믿고 그분의 뜻에 순종하며, 그 믿음이 우리의 삶을 변화시키고, 하나님의 뜻이 이루어지는 길로 나아가야 해.

믿음은 하나님의 말씀을 믿고, 그 말씀에 순종하는 것이다.
순종하지 않는 믿음은 죽은 믿음이다.
- 존 웨슬리 -

하나님의 시간과 우리의 시간

시 27:14   너는 여호와를 기다릴지어다 강하고 담대하며 여호와를 기다릴지어다

우리의 시간은 때로 너무나 제한적이고, 불안정해. 우리는 하나님께서 우리를 위해 일하시고, 계획하시는 순간이 우리의 시간에 맞춰지기를 바라. 하지만 하나님의 시간은 우리의 시간과 다르며, 그분의 계획은 우리의 기대를 뛰어넘는 완벽함을 갖고 있어.

어거스틴은 "하나님의 시간은 항상 완벽하다. 우리가 기다릴 수 있다면, 그분은 우리의 삶에서 최고의 것을 이루실 것이다."라고 말했어. 어거스틴의 말처럼, 하나님의 시간은 우리에게 가장 좋은 것이 될 때 이루어져. 우리는 하나님의 계획을 신뢰하고 기다릴 때, 그분의 타이밍 속에서 가장 아름다운 일이 일어나는 거야.

웨슬리 또한 "하나님의 시간은 우리의 기다림을 통해 이루어진다. 기다림은 믿음을 단련하고, 하나님을 더 신뢰하게 만든다."라고 말했지. 웨슬리의 말처럼, 하나님은 우리가 기다리는 시간을 통해 우리를 준비시키고, 우리의 믿음을 더욱 강하게 하셔. 우리는 하나님의

타이밍을 신뢰하고 기다릴 때, 그분이 이루어 가시는 일들을 더 깊이 이해할 수 있어.

기다림은 하나님을 더 깊이 신뢰하는 과정이야. 우리는 하나님을 기다릴 때, 그분의 계획이 우리의 삶에 완전히 이루어질 때까지 그분을 믿고 따라갈 수 있어야 해.

전도서 3장 1절에서는 "범사에 기한이 있고 천하 만사가 다 때가 있나니"라고 말씀하고 있어. 하나님의 시간은 모든 일에 맞춰져 있으며, 우리는 그 시간에 맞춰 하나님의 뜻을 따라 살아야 해. 우리가 기다릴 때, 하나님은 우리에게 가장 좋은 순간을 준비하시지.

하나님의 시간은 우리의 이해를 초월하며, 그분의 계획은 언제나 완벽해. 우리는 그분의 시간에 맞춰 기다리며, 하나님의 뜻이 이루어질 때까지 신뢰하고 인내해야 해.

하나님의 시간은 우리의 기다림 속에 숨겨져 있다. 그분은
우리의 기다림 속에서 신뢰를 배우게 하시며,
그 신뢰가 우리의 삶을 변화시킨다.
— 본회퍼 —

하나님의 은혜와 우리의 반응

겔 34:26 내가 그들에게 복을 내리며 내 산 사방에 복을 내리며 때를 따라 소낙비를 내리되 복된 소낙비를 내리리라

하나님의 은혜는 우리가 상상할 수 없는 크고 놀라운 선물이야. 우리는 그 은혜를 받을 자격이 없지만, 하나님은 우리를 사랑하시기 때문에 그 은혜를 주시지. 하나님의 은혜는 우리에게 구원의 길을 열어주시며, 우리를 새로운 삶으로 인도하는 능력이 되지.

어거스틴은 하나님의 은혜에 대해 "하나님의 은혜는 우리의 삶에서 모든 것을 변화시킨다. 우리가 그 은혜를 받아들일 때, 우리의 삶은 새로운 의미를 찾게 된다."라고 말했어. 어거스틴의 말처럼, 하나님의 은혜는 우리의 삶을 완전히 변화시키지. 우리는 그 은혜를 받아들이고, 그 은혜를 통해 새로운 삶을 살아가야 해.

웨슬리도 은혜에 대해 "하나님의 은혜는 우리가 아무리 부족해도 여전히 우리에게 주어진다. 그 은혜를 의지하여 우리는 더욱 하나님을 향해 나아갈 수 있다."라고 말했어. 웨슬리의 말처럼, 하나님의 은혜는 우리의 부족함을 넘어서는 능력이야. 우리는 하나님의 은혜

를 의지할 때, 우리의 삶은 더욱 하나님을 향해 나아가게 되는 거야. 하나님의 은혜는 우리의 자격과 관계없이 주어져. 우리는 그 은혜를 감사하며, 그 은혜에 합당한 삶을 살아야 해.

에베소서 2장 8절에서는 "너희는 그 은혜에 의하여 믿음으로 말미암아 구원을 받았으니 이것은 너희에게서 난 것이 아니요 하나님의 선물이라"라고 말씀하고 있어.

하나님의 은혜는 우리의 구원과 삶에 가장 큰 선물이야. 우리는 그 은혜를 받으며, 그 은혜에 합당한 삶을 살아야 해.

하나님의 은혜는 우리의 삶을 변화시키고, 우리가 그분을 더욱 사랑하고 순종하게 만들어. 우리는 하나님의 은혜를 받아들이고, 그 은혜에 응답하는 삶을 살아가며, 그 은혜가 우리의 삶을 더욱 풍성하게 이루어지게 하면 돼.

하나님의 은혜는 우리가 받을 자격이 없는 것임에도 불구하고,
그 은혜는 우리에게 주어진다. 우리는 그 은혜에 감사하며 살아야 한다.
― 본회퍼 ―

하나님의 인도하심과 우리의 신뢰

시 37:5-6 네 길을 여호와께 맡기라 그를 의지하면 그가 이루시고 네 의를 빛 같이 나타내시며 네 공의를 정오의 빛 같이 하시리로다

하나님은 우리의 삶을 인도하시는 분이시지. 우리는 그분의 인도하심을 따라 걸어야 하며, 그분을 의지할 때 우리의 길은 빛으로 인도받을 수 있어. 하나님은 우리의 모든 상황을 아시며, 우리를 최선의 길로 인도하시지.

웨슬리는 "하나님은 우리에게 길을 알려주지 않으시기도 한다. 그 때 우리는 단지 하나님을 믿고, 그분의 인도하심을 신뢰해야 한다."라고 말했어. 웨슬리의 말처럼, 하나님은 우리가 신뢰할 때, 그분의 인도하심을 이루어가시지. 우리는 하나님의 뜻을 신뢰하며 그 길을 걸어야 해.

하나님의 인도하심은 우리의 믿음과 순종 속에서 이루어져. 우리는 하나님의 인도하심을 믿고, 그분의 뜻을 따를 때, 하나님은 우리에게 가장 좋은 길을 열어주시지.

나우웬도 "하나님은 우리의 길을 인도하시고, 우리가 그 길을 걸어갈 때 그분은 우리에게 필요한 모든 것을 주신다. 우리는 그분의 인도하심을 믿고 따를 뿐이다."라고 말했어. 나우웬의 말처럼, 하나님의 인도는 우리가 신뢰하고 따를 때 이루어지는 거야. 우리는 하나님을 의지하고 믿을 때, 그분의 인도하심에 따라 우리의 길은 밝혀져.

잠언 3장 5-6절에서 "너는 마음을 다하여 여호와를 신뢰하고 네 명철을 의지하지 말라 너는 범사에 그를 인정하라 그리하면 네 길을 지도하시리라."라고 말씀하셨어.

하나님은 우리의 길을 인도하시며, 우리는 그분을 의지하고 신뢰함으로 그 길을 따라가야 해. 우리는 하나님을 믿고 따를 때, 그분은 우리의 삶을 더욱 선하고 빛 된 길로 인도하시지.

하나님의 인도하심은 우리가 그분을 신뢰하고 따를 때 이루어지는 거야. 우리는 하나님의 뜻을 의지하고, 그분의 인도하심에 따라 걸어가면, 그 길이 언제나 우리의 삶을 변화시키고 축복으로 가득 채워지게 하지.

하나님은 우리의 길을 인도하시지만,
그 길을 따라가는 것은 우리의 믿음과 순종에 달려 있다.
— 본회퍼 —

하나님의 사랑과 우리의 반응

롬 5:8 우리가 아직 죄인 되었을 때에 그리스도께서 우리를 위하여 죽으심으로 하나님께서 우리에 대한 자기의 사랑을 확증하셨느니라

하나님의 사랑은 끝없이 크고, 변함이 없어. 우리는 그 사랑을 온전히 이해하기 어려울 때가 많지만, 하나님은 그 사랑을 통해 우리의 삶을 변화시키고자 하시지. 하나님의 사랑은 우리가 자격이 없어도 주어지며, 그 사랑은 우리의 구원을 위한 길을 여는 열쇠야.

하나님의 사랑은 우리의 모든 죄를 덮고, 그 사랑을 받아들일 때 우리의 삶이 새로워져. 우리는 하나님의 사랑을 받아들이고 그 사랑에 응답할 때, 우리는 변화된 삶을 살 수 있어.

어거스틴은 하나님의 사랑에 대해 "하나님의 사랑은 우리의 삶의 가장 큰 기쁨이다. 그 사랑을 알고, 그 사랑을 따라갈 때, 우리는 참된 행복을 찾을 수 있다."라고 말했어. 어거스틴의 말처럼, 하나님의 사랑은 우리가 찾을 수 있는 가장 큰 기쁨과 행복이야. 우리는 그 사랑을 깨닫고, 그 사랑에 응답하는 삶을 살 때, 진정한 기쁨을 경험할 수 있어.

본회퍼도 하나님의 사랑에 대해 "하나님의 사랑은 우리에게 주어진 가장 큰 선물이다. 우리는 그 사랑을 받을 자격이 없지만, 그 사랑을 받음으로써 우리의 삶은 변화된다."라고 말했지. 본회퍼의 말처럼, 하나님의 사랑은 우리의 자격과 상관없이 주어지며, 그 사랑을 받아들일 때 우리의 삶은 변화되는 거야. 우리는 하나님의 사랑을 감사히 받으며, 그 사랑에 합당한 삶을 살아야 해.

로마서 5장 8절 말씀처럼 하나님의 사랑은 우리가 죄인일 때도 여전히 우리에게 주어졌으며, 그 사랑을 통해 우리는 구원의 길을 얻었어. 우리는 하나님의 사랑을 깨닫고, 그 사랑에 응답하는 삶을 살아야 해.

하나님의 사랑은 우리를 변화시키는 능력이야. 우리는 그 사랑을 깨닫고, 그 사랑에 감사하며 응답할 때, 우리의 삶은 더욱 풍성하고 의미 있는 삶으로 변화되는 거야. 하나님의 사랑은 우리를 구속하시고, 우리의 삶에 희망과 기쁨을 주시지. 우리는 그 사랑을 받아들이고, 그 사랑에 맞는 삶을 살아가야 해.

하나님의 사랑은 우리의 죄를 덮으시는 은혜다.
우리는 그 사랑을 받아들일 때, 비로소 진정한 변화를 경험하게 된다.
– 존 웨슬리 –

하나님의 인내와 우리의 기다림

시 37:7 여호와 앞에 잠잠하고 참아 기다리라 자기 길이 형통하며 악한 꾀를 이루는 자 때문에 불평하지 말지어다

하나님은 우리를 기다리게 하셔. 때때로 우리는 하나님의 속도에 맞추기 어려울 때가 많아. 하나님은 우리가 기다리는 동안, 우리의 믿음이 성장하게 하시며, 그 인내 속에서 많은 교훈을 주시지. 하나님은 우리의 기다림 속에서 우리를 다듬으시고, 우리를 더욱 강하게 만들어가셔.

웨슬리는 "하나님의 시간이 우리와 다르지만, 그 시간 안에서 우리는 하나님의 뜻을 알아갈 수 있다. 기다림은 믿음을 깊게 한다."라고 말했어. 웨슬리의 말처럼, 하나님은 우리가 기다리는 동안 더욱 큰 믿음을 주시지. 우리는 하나님의 뜻을 기다리며, 그 뜻이 이루어지는 것을 믿고 신뢰할 수 있어야 해.

본회퍼도 "하나님은 우리가 기다리는 동안, 우리가 더욱 강해지기를 바라신다. 그 기다림 속에서 우리는 하나님의 뜻을 깨닫고, 우리의 믿음은 깊어질 것이다."라고 말했어. 본회퍼의 말처럼, 하나님은

우리의 기다림을 통해 우리의 믿음을 더욱 깊게 하시지. 우리는 하나님의 뜻을 신뢰하며 기다릴 때, 우리의 믿음은 더욱 강해지고 성숙해지는 거야.

하나님의 시간을 기다리는 것이 믿음의 길이야. 우리는 하나님의 인내를 본받아, 그분의 시간에 맞춰 믿음으로 기다려야 해.

이사야 40장 31절에서는 "여호와를 앙망하는 자는 새 힘을 얻으리니 독수리가 날개 치며 올라감 같을 것이요 달음박질하여도 곤비하지 아니하겠고 걸어가도 피곤하지 아니하리로다"라고 말씀하셨어.

하나님을 기다리는 자는 새 힘을 얻고, 그 기다림 속에서 우리는 더욱 강해지고, 지치지 않아. 우리는 하나님을 믿고 기다릴 때, 그분이 주시는 힘으로 끝까지 갈 수 있어.

하나님의 기다리게 하심은 우리의 인내와 믿음을 시험하는 과정이야. 우리는 하나님의 뜻을 기다리며, 그 기다림 속에서 믿음이 더욱 강해지는 것을 경험하지. 하나님의 인내 속에서 우리는 하나님의 뜻을 깨닫고, 우리의 삶은 더욱 풍성하고 깊어지게 되지.

하나님의 시간이 아닌 우리의 시간에 맞추려는 욕망을 버리고,
하나님의 시간에 맞춰 가는 것이 믿음의 길이다.
– 어거스틴 –

하나님이 주시는 평안과
우리의 마음의 쉼

마 11:28 수고하고 무거운 짐 진 자들아 다 내게로 오라 내가 너희를 쉬게 하리라

세상은 우리에게 끊임없는 걱정과 불안을 주지만, 하나님은 우리에게 참된 평안을 주시며, 그분 안에서 우리는 마음의 쉼을 얻을 수 있어. 하나님은 우리의 모든 짐을 덜어주시고, 우리에게 쉼을 주시는 분이시지.

존 웨슬리는 "하나님 안에서 우리는 진정한 평안을 경험할 수 있다. 그 평안은 세상과는 비교할 수 없다."라고 말했어. 웨슬리의 말처럼, 하나님이 주시는 평안은 세상의 어떤 평안과도 비교할 수 없어. 우리는 하나님 안에서만 진정한 평안을 찾을 수 있지.

본회퍼도 "하나님은 우리의 마음을 평안하게 하신다. 우리가 그분을 믿고 의지할 때, 우리의 마음은 평안하고, 우리의 영혼은 쉼을 찾는다."라고 말했지. 본회퍼의 말처럼, 하나님은 우리가 그분을 믿을 때 마음의 평안을 주셔. 우리는 하나님을 의지하고 믿을 때, 그분의 평안이 우리의 마음을 채울 수 있어.

하나님은 우리가 그분을 찾을 때, 우리가 참된 평안과 쉼을 얻을 수 있도록 하시지. 우리는 하나님을 의지하며 그분 안에서 안식을 찾을 때, 세상의 걱정과 근심에서 자유로울 수 있어.

빌립보서 4장 7절에서는 "하나님의 평강이 그리스도 예수 안에서 너희 마음과 생각을 지키시리라"라고 말씀하셨어.

하나님의 평강은 우리의 마음과 생각을 지키며, 세상의 염려와 두려움에서 보호하시지. 우리는 하나님의 평강을 경험할 때, 진정한 안식과 마음의 평안을 얻을 수 있어.

하나님이 주시는 평안은 세상에서 얻을 수 없는 참된 평안이야. 우리는 하나님을 믿고 의지할 때, 그분이 주시는 평안과 쉼을 경험하게 되는 거야. 하나님의 평안이 우리의 마음을 지키고, 우리를 온전히 보호하시며, 우리의 삶에 진정한 안식을 주시는 거야.

우리의 마음은 하나님 안에서만 참된 쉼을 찾는다.
우리가 그분을 찾을 때, 우리의 마음은 진정한 안식을 얻는다.
− 어거스틴 −

하나님의 뜻을 구하는 삶과 순종

렘 33:3 너는 내게 부르짖으라 내가 네게 응답하겠고 네가 알지 못하는 크고 은밀한 일을 네게 보이리라

하나님은 우리에게 무엇을 원하시는지 알려주기를 원해. 우리는 하나님의 뜻을 구하고, 그 뜻에 순종하며 살아가야 해. 하나님의 뜻은 우리의 삶에 가장 큰 의미와 목적을 주며, 그 뜻을 따라 살 때 우리는 참된 만족과 평안을 경험하게 되는 거야.

존 웨슬리는 "하나님의 뜻을 구하는 삶은, 우리의 삶이 온전히 그분의 뜻 안에서 이루어지는 삶이다. 그 뜻에 순종할 때, 우리는 진정한 기쁨을 얻을 수 있다."라고 말했어. 웨슬리의 말처럼, 하나님의 뜻을 구하는 삶은 우리에게 기쁨과 만족을 줘. 우리는 하나님의 뜻을 구하며, 그 뜻을 따라 살 때 진정한 의미를 찾게 되는 거야.

하나님의 뜻을 구하고 순종하는 삶은 우리가 찾을 수 있는 가장 큰 만족을 줘. 우리는 하나님의 뜻에 순종할 때, 우리의 삶은 의미 있고 풍성해지는 거야.

본회퍼도 "하나님의 뜻에 순종하는 것은 우리가 하나님과의 관계를 깊게 만드는 길이다. 그 뜻에 순종할 때, 우리는 그분과 더 가까워진다."라고 말했어. 본회퍼의 말처럼, 하나님의 뜻에 순종하는 것은 하나님과의 관계를 더욱 깊게 만드는 중요한 길이야. 우리는 하나님의 뜻을 구하고, 그 뜻에 순종할 때, 하나님과의 관계가 더욱 가까워지고 강해져.

마태복음 6장 10절에서는 "나라가 임하시오며 뜻이 하늘에서 이루어진 것 같이 땅에서도 이루어지이다"라고 말씀하고 있어. 하나님의 뜻이 이 땅에서도 이루어지기를 구하며, 우리는 그 뜻에 따라 살아가야 해. 우리는 하나님의 뜻을 이루는 삶을 살 때, 그분의 나라와 그분의 뜻이 우리의 삶을 통해 드러나게 되는 거야.

하나님의 뜻을 구하는 삶은 우리에게 진정한 의미와 목적을 주며, 그 뜻을 순종하는 삶은 우리를 하나님의 뜻 안에서 이루어지게 만들어. 하나님의 뜻을 구하고 그 뜻에 순종하여, 우리의 삶이 더욱 풍성하고 의미 있는 삶으로 변하게 되는 거야.

하나님의 뜻은 우리의 삶에서 가장 중요한 것이다.
우리는 그 뜻을 구하고 순종할 때, 진정한 만족을 얻을 수 있다.
— 어거스틴 —

하나님의 사랑과 그 사랑의 깊이

엡 3:17-19 믿음으로 말미암아 그리스도께서 너희 마음에 계시게 하옵시고 너희가 사랑 가운데서 뿌리가 박히고 터가 굳어져서 능히 모든 성도와 함께 지식에 넘치는 그리스도의 사랑을 알고 그 너비와 길이와 높이와 깊이가 어떠함을 깨달아 하나님의 모든 충만하신 것으로 너희에게 충만하게 하시기를 구하노라

하나님의 사랑은 우리가 상상할 수 있는 그 어떤 사랑보다도 크고 깊어. 그 사랑은 우리의 연약함과 부족함에도 불구하고, 끝없이 우리를 향해 주어지지. 하나님은 우리가 사랑받을 자격이 없는 존재일 때조차도, 우리를 향한 사랑을 아낌없이 주셨어.

하나님의 사랑은 그 어떤 상황에서도 변하지 않으며, 우리가 어떤 연약함을 가지고 있어도 그 사랑은 변함없이 우리에게 주어지는 거야. 하나님의 사랑은 우리를 항상 받아들이고, 늘 우리 곁에 있어.

본회퍼는 "하나님의 사랑은 우리가 더 이상 사랑할 수 없는 순간에도 우리를 사랑하신다. 그 사랑은 끝이 없다."라고 말했어. 본회퍼의 말처럼, 하나님의 사랑은 끝이 없고, 우리가 어떻게 행동하든,

그 사랑은 항상 변하지 않아. 우리는 하나님의 끝없는 사랑을 경험할 때, 우리도 그 사랑을 세상에 나누는 존재가 되는 거야.

어거스틴도 "하나님의 사랑은 우리를 완전히 새롭게 만든다. 그 사랑은 우리의 삶을 변화시키고, 우리가 할 수 없는 것을 가능하게 한다."라고 말했어. 어거스틴의 말처럼, 하나님의 사랑은 우리를 변화시키는 힘이 있어. 우리는 하나님의 사랑을 경험할 때, 우리의 삶은 새롭게 변화하며, 그 사랑을 세상에 전하는 자가 되는 거야.

로마서 8장 39절에서는 "우리를 우리 주 그리스도 예수 안에 있는 하나님의 사랑에서 끊을 수 없으리라"라고 말씀하고 있어. 하나님의 사랑은 그 어떤 어려움과 시련도 막을 수 없으며, 그 사랑은 우리가 겪는 모든 상황을 넘어서지. 우리는 하나님의 사랑을 경험할 때, 어떤 고난 속에서도 그 사랑이 우리의 마음을 지키고, 힘을 주지.

하나님의 사랑은 우리의 모든 연약함과 죄를 덮어주는 사랑이야. 그 사랑은 우리의 삶을 완전히 변화시키며, 우리가 그 사랑을 온전히 이해하고 경험할 때, 우리는 더 이상 두려움 없이 살아갈 수 있어. 우리는 하나님의 사랑을 받아들이고, 그 사랑을 세상에 전할 때, 우리의 삶은 풍성해지고, 진정한 평안을 얻게 돼.

하나님의 사랑은 우리가 이해할 수 없는 깊이를 가지고 있다.
그 사랑은 우리가 아무리 떨어져 있어도 결코 우리를 포기하지 않으신다.
- 존 웨슬리 -

믿음의 여정과 그 과정에서의 성장

롬 5:2 또한 그로 말미암아 우리가 믿음으로 서 있는 이 은혜에 들어감을 얻었으며 하나님의 영광을 바라고 즐거워하느니라

믿음은 하루아침에 완성되는 것이 아니라, 하나님과 함께하는 매 순간의 여정에서 점차적으로 성장하는 거야. 우리는 믿음의 길을 걸어가면서, 하나님과의 관계가 깊어지고, 그분을 더욱 신뢰하게 되지.

믿음은 꾸준히 자라나며, 그 과정에서 우리는 더 많은 인내와 신뢰를 배우는 거지. 믿음은 하나님을 점차적으로 더 깊이 알게 하는 과정이야.

어거스틴은 "믿음은 처음에는 미약하게 시작되지만, 하나님을 경험하며 점차적으로 강해진다. 그 믿음이 자라나면서 우리는 하나님을 더 깊이 이해하게 된다."라고 말했어. 어거스틴의 말처럼, 믿음은 처음에는 약할 수 있지만, 하나님과의 관계가 깊어짐에 따라 점차 강해지지. 믿음은 우리의 영적인 성장의 기초가 되는 거야.

본회퍼는 "믿음은 고난 속에서 자란다. 우리가 어려움을 겪을 때,

우리의 믿음은 강해지고, 하나님에 대한 신뢰가 깊어진다."라고 말했어. 본회퍼의 말처럼, 믿음은 때때로 고난 속에서 더 강하게 자라나. 우리는 어려움을 겪을 때, 그 속에서 하나님에 대한 신뢰와 믿음이 깊어지고 강해지지.

야고보서 1장 3절에서는 "너희 믿음의 시련이 인내를 만들어내는 줄 너희가 앎이라"라고 말씀하고 있어. 믿음은 시련과 고난을 통해 더 단단해지고, 그 믿음이 자라나는 과정에서 우리는 인내를 배우게 되는 거야. 우리는 믿음의 여정에서 하나님을 신뢰하며, 그분의 뜻을 이루어가는 과정을 경험하게 되지.

믿음은 하나님과의 관계에서 자라나는 과정이야. 그 과정에서 우리는 시련과 도전을 만나게 되지만, 그 안에서 하나님을 신뢰하고 인내하는 법을 배우게 돼. 믿음의 여정은 하나님과의 동행 속에서 우리의 삶을 변화시키고, 우리를 더 강하고 깊은 믿음을 가진 사람으로 만들지.

믿음은 단지 순간적인 체험이 아니라, 우리의 전 삶에 걸쳐
지속적으로 성장하는 것이다. 우리는 믿음 안에서 날마다 자라가야 한다.
― 존 웨슬리 ―

하나님의 인도하심과
그분의 뜻을 따르는 삶

시 32:8 내가 네 갈 길을 가르쳐 보이고 너를 주목하여 훈계하리로다

하나님은 우리의 삶을 인도하시는 분이야. 우리는 하나님의 뜻에 순종하며 그분의 인도하심을 따라 살아가는 것을 삶의 중요한 부분으로 여겨야 해. 하나님의 인도하심은 단순히 우리가 원하는 길을 따라가는 것이 아니라, 우리의 마음이 하나님의 뜻에 맞춰져 가는 과정이야. 우리는 그분의 뜻을 구하며 그 뜻이 무엇인지를 깨닫고 따르려고 노력해야 해.

존 웨슬리는 "하나님의 뜻을 따르는 삶은, 매일 하나님의 말씀에 귀 기울이며, 그분의 인도하심에 순종하는 삶이다."라고 말했어. 웨슬리의 말처럼, 하나님의 뜻은 매일의 삶에서 점진적으로 드러나며, 그 뜻을 따르려면 지속적인 인내와 순종이 필요해. 우리는 하나님께서 우리를 어떻게 인도하실지를 알기 위해, 기도와 말씀을 통해 그 뜻을 찾고 나아가야 해.

하나님의 인도하심은 때로 우리가 기대하지 않은 방식으로 나타나기도 해. 우리는 그 뜻에 순종할 때, 비록 그 길이 고통스럽고 어렵

더라도, 하나님께서 우리를 진정으로 인도하고 계심을 믿어야 해. 하나님의 인도하심은 우리에게 최고의 길로 인도하는 것이며, 그 길을 따를 때 진정한 평안과 자유를 얻게 되거든.

어거스틴은 또 "하나님의 뜻을 따르는 것은 때때로 우리의 뜻을 내려놓고, 그분의 계획에 맡기는 것이다. 그때, 우리는 진정한 만족과 평화를 경험한다."라고 말했어. 어거스틴의 말처럼, 하나님의 뜻을 따르는 삶은 우리의 자아를 내려놓는 과정이야. 우리는 하나님께서 인도하시는 길을 믿고 따를 때, 우리의 삶은 그분의 계획안에서 평안을 찾고, 만족을 경험하게 되지.

잠언 3장 5절-6절에서 "너는 마음을 다하여 여호와를 신뢰하고 네 명철을 의지하지 말라 너는 범사에 그를 인정하라 그리하면 네 길을 지도하시리라"라고 말씀하고 있어.

우리는 하나님의 인도하심을 따르기 위해, 우리의 마음을 다하여 그를 신뢰하고, 그분을 인정해야 해. 하나님의 인도하심은 우리를 가장 좋은 길로 인도하며, 그 길이 고통스럽고 어려운 길이라 할지라도, 결국에는 우리에게 가장 좋은 결과를 가져다주지.

하나님의 인도하심을 따라 살기 위해서는 우리의 뜻을 내려놓고, 그분의 뜻을 따르는 법을 배우는 것이 중요해. 하나님의 뜻을 우리가 항상 완전히 이해할 수는 없지만, 그 뜻에 따라 살아가면, 우리는 하나님께서 준비하신 놀라운 축복을 경험하게 되는 거야. 하나님의 뜻을 따르는 삶은 평화와 기쁨을 주시니, 우리는 더욱 하나님과 가까운 관계로 인도받지.

―― • ⋘ • ――

하나님의 뜻은 종종 우리가 예상하는 것과는 다른 방식으로
나타난다. 때로는 그 뜻이 우리에게 아픈 길이지만,
그 길이 진정한 자유와 생명을 준다.
― 본회퍼 ―

하나님의 계획과 우리의 삶

렘 29:11 여호와의 말씀이니라 너희를 향한 나의 생각은 내가 아나니 평안이요 재앙이 아니니라 너희에게 미래와 희망을 주는 것이니라

하나님은 우리 각자의 삶에 대한 구체적인 계획을 갖고 계셔. 우리는 그 계획을 완벽하게 이해하지 못할 때가 많지만, 하나님은 우리를 위해 선한 계획을 갖고 계신다는 것을 믿어야 해. 하나님의 계획은 우리에게 평안과 희망을 주는 계획이야. 우리가 겪는 모든 일이 하나님의 뜻 안에서 이루어지고, 그 안에서 우리는 하나님을 더 깊이 이해하고 경험하게 해.

존 웨슬리는 "하나님의 계획은 우리의 이해를 넘어서는 것이지만, 그 계획을 믿고 따를 때 우리는 진정한 평안을 찾을 수 있다."라고 말했어. 웨슬리의 말처럼, 하나님의 계획은 종종 우리의 이해를 넘어서지만, 우리는 그분의 계획을 신뢰하며 순종해야 해. 그 계획이 어떤 형태로 나타날지 모르지만, 하나님의 뜻을 따를 때 우리는 하나님의 선하신 뜻을 경험하게 되는 거야.

본회퍼는 "하나님의 계획은 우리에게 어떤 고난과 시련을 통해서

도 이루어지지만, 그것은 결국 우리를 더 강하게 만든다."라고 말했어. 본회퍼의 말처럼, 하나님의 계획은 때로 고난과 시련을 통해 이루어지기도 해. 하지만 그 고난 속에서도 하나님은 우리를 더욱 강하게 하시고, 그 뜻이 우리의 삶에 이루어질 때 우리는 새로운 힘과 믿음을 얻게 되지.

로마서 8장 28절에서는 "우리가 알거니와 하나님을 사랑하는 자 곧 그 뜻대로 부르심을 입은 자들에게는 모든 일이 합력하여 선을 이루느니라"라고 말씀하셨어. 이 구절은 하나님의 계획이 우리의 삶을 통해 이루어질 때, 우리의 모든 경험이 결국 선한 결과로 이어짐을 확신시켜주지. 우리는 하나님을 신뢰하며, 그분의 뜻을 따르는 삶을 살 때, 결국 하나님의 계획이 우리 삶 속에서 아름답게 실현됨을 경험하게 되는 거야.

하나님의 계획은 우리에게 무엇이든 좋게 이루어질 길로 인도하지. 우리는 그 계획을 이해하기 어려운 순간도 있지만, 그럼에도 불구하고 하나님을 신뢰하며 그 길을 따라가야 해. 하나님의 계획을 따르는 삶은 평안과 희망을 주고, 그 과정에서 우리는 하나님과 더 가까워지니, 그분의 사랑을 더 깊이 경험되는 거야.

하나님의 계획이 우리에게 다가올 때,
우리는 그 계획을 수용하고 순종하는 법을 배워야 한다.
그것이 우리가 하나님과 더 가까워지는 길이다.
— 어거스틴 —

믿음의 여정

시 23:1 여호와는 나의 목자시니 내게 부족함이 없으리로다

하나님께서 우리의 목자가 되어주시는 이 사실은 믿음의 여정에서 가장 중요한 진리야. 우리는 이 세상에서 종종 불안함과 걱정에 사로잡히지만, 하나님은 언제나 우리를 인도하시고 보호해 주셔. 우리는 그분의 손길에 의해 이끌려 가며, 그분의 목자 되심을 믿고 따라가야 해.

믿음은 행동으로 나타나야 해. 우리는 하나님을 믿는다고 말하며, 그 믿음을 실천하며 살아가야 해. 하나님을 믿는다는 것은 단순히 말로만 끝나는 것이 아니라, 우리가 그분의 인도하심을 믿고 따르는 삶을 살아가는 거야.

어거스틴은 "하나님을 향한 믿음은 우리가 겪는 모든 어려움을 통과할 수 있게 한다. 그 믿음이 없으면 우리는 결국 절망에 빠지게 된다."라고 말했어. 어거스틴의 말처럼, 믿음은 우리의 삶에 중요한 힘이 돼. 우리가 어려움에 직면할 때, 믿음은 우리를 지탱해주고, 그 믿음을 통해 하나님께서 주시는 평안을 경험하게 되는 거야.

본회퍼도 "믿음은 우리를 끊임없이 하나님께로 이끌어간다. 그 믿음이 성장할 때, 우리는 하나님과의 관계에서 더욱 깊은 경험을 하게 된다."라고 말했어. 본회퍼의 말처럼, 믿음은 우리가 하나님을 더 깊이 알고, 그분과의 관계를 더욱 견고하게 만드는 중요한 요소야. 믿음이 성장할 때, 우리는 하나님과 더 깊은 만남을 경험하고, 그분의 뜻을 이해하며 따라가게 되는 거야.

　히브리서 11장 1절에서는 "믿음은 바라는 것들의 실상이요 보이지 않는 것들의 증거니"라고 말씀하고 있어. 이 구절은 믿음의 본질을 잘 설명해주고 있어. 믿음은 보지 못하는 것들을 믿고, 그것이 현실이 될 것이라는 확신을 가지는 거야. 우리는 때로 어떤 일들이 어떻게 이루어질지 알 수 없지만, 믿음을 가지고 그 길을 걸어갈 때, 하나님은 우리의 믿음을 통해 일하시지.

　믿음의 여정은 하나님을 신뢰하고 그분의 인도하심을 따르는 과정이야. 이 길은 때때로 어두운 터널을 지나가는 것 같지만, 하나님은 우리를 항상 이끌어 주시고, 우리가 그분을 믿고 따를 때, 우리의 삶은 결국 그분의 뜻 안에서 아름답게 이루어지지.

하나님을 믿는 것은 단순히 말로만 끝나는 것이 아니다.
그것은 우리의 삶 속에서 진정으로 드러나야 한다.
– 존 웨슬리 –

사랑의 본질

고전 13:4   사랑은 오래 참고 사랑은 온유하며 시기하지 아니하며 자랑하지 아니하며 교만하지 아니하며

사랑은 그 자체로 강력한 힘이며, 우리의 삶에서 가장 중요한 가치 중 하나야. 우리는 이 세상에서 수많은 사랑을 경험하지만, 하나님께서 우리에게 주시는 사랑은 특별하고 깊은 의미를 갖고 있어. 하나님은 그분의 사랑을 통해 우리를 변화시키시고, 우리는 그 사랑을 세상에 나누어야 할 책임이 있어.

존 웨슬리는 "하나님의 사랑을 진정으로 깨달은 사람은, 그 사랑을 다른 사람들에게 나누지 않고는 견딜 수 없다."라고 말했어. 웨슬리의 말처럼, 하나님의 사랑을 받았다고 느끼는 사람은 그 사랑을 세상에 전하고 싶어 해. 그 사랑을 나누는 것이 바로 하나님을 사랑하는 방법이기도 하지. 우리가 사랑을 나누는 삶을 살 때, 하나님의 사랑이 우리의 삶을 통해 흐르고, 세상은 그 사랑을 통해 변화될 수 있어.

하나님의 사랑은 우리의 마음을 변화시키고, 우리는 그 사랑을 통해 세상을 향한 사랑을 배우지. 하나님의 사랑은 우리 안에서 자라나

며, 우리는 그 사랑을 세상에 전파하는 사람들로 살아가야 해.

본회퍼도 "하나님의 사랑은 우리의 삶을 위한 가장 큰 선물이다. 우리는 그 사랑을 다른 사람들에게 나누는 것이야말로 우리의 사명이다."라고 말했어. 하나님의 사랑을 받은 우리는 그 사랑을 나누는 삶을 살아야 해. 그 사랑은 우리에게 주신 선물일 뿐만 아니라, 세상에 전해야 할 사명이기도 하지. 하나님의 사랑은 우리의 삶을 통해 세상에 전달돼.

요한일서 4장 7-8절에서는 "사랑하는 자들아 우리가 서로 사랑하자 사랑은 하나님께 속한 것이니 사랑하는 자마다 하나님으로부터 나서 하나님을 알고 사랑하지 아니하는 자는 하나님을 알지 못하나니 이는 하나님은 사랑이시라"라고 말씀하시고 있어. 이 구절은 사랑이 하나님과의 관계를 나타내는 중요한 표시임을 알려주지. 우리가 서로 사랑할 때, 하나님과 깊은 관계가 이루어지며, 하나님의 사랑이 우리의 삶 속에서 나타나지.

사랑은 그저 감정이나 말로만 존재하는 것이 아니야. 사랑은 행동으로 나타나야 하며, 우리는 그 사랑을 실천하는 삶을 살아야 해. 하나님의 사랑을 받은 우리는 그 사랑을 세상에 나누며, 그 사랑을 통해 하나님을 더 깊이 경험하고, 세상은 하나님을 통해 변하게 되는 거야.

하나님의 사랑은 우리를 변화시키며, 우리가 세상을 사랑할 수 있도록 돕는다. 그 사랑이 우리 안에서 자라날 때, 우리는 진정한 사랑을 이해하게 된다.
- 어거스틴 -

기도가 주는 힘

시 142:1 내가 소리 내어 여호와께 부르짖으며 소리 내어 여호와께 간구하는도다

기도는 하나님과 깊은 소통이야. 우리가 하나님께 기도할 때, 그분은 우리의 마음을 아시고 응답하시지. 기도는 단순한 요청이 아니라 하나님과의 관계를 더욱 깊게 하는 중요한 대화의 시간이야. 우리는 기도 통해 힘을 얻고, 하나님의 뜻을 더 잘 이해하게 돼. 기도는 우리의 삶을 변화시키고, 우리의 마음을 평안하게 만들어줘.

존 웨슬리는 "기도는 우리의 영혼이 하나님께 다가가는 가장 중요한 방법이다. 기도하는 자는 결코 혼자가 아니며, 하나님은 항상 그와 함께 하신다."라고 말했어. 웨슬리의 말처럼, 기도는 하나님과의 만남의 통로야. 기도를 통해 우리는 하나님과의 관계를 더욱 깊게 하고, 하나님은 우리의 기도에 응답하셔. 기도는 우리의 영혼을 하나님께 가까이 인도하며, 하나님께서 우리의 기도에 귀 기울이시고 응답하시지.

어거스틴도 "기도는 하나님과의 소통이다. 우리의 기도가 하나님

께 향할 때, 하나님은 우리의 마음을 변화시키시고 우리의 삶에 새로운 힘을 주신다."라고 말했어. 어거스틴의 말처럼, 기도는 하나님과 깊은 소통이야. 기도할 때 우리의 마음은 변화되고, 하나님은 그 기도를 통해 우리의 삶을 이끌어가셔. 기도는 우리의 삶 속에서 하나님을 경험하게 하며, 우리는 기도를 통해 하나님을 더 깊이 알게 되지.

기도는 우리가 하나님 앞에 나아갈 수 있는 유일한 방법이야. 기도할 때 우리는 모든 것을 하나님께 맡기고, 그분의 뜻을 따르기로 결단하지. 기도는 우리의 삶에서 하나님의 뜻을 이루어가는 중요한 과정이야.

빌립보서 4장 6-7절에서는 "아무것도 염려하지 말고 오직 모든 일에 기도와 간구로, 너희 구할 것을 감사함으로 하나님께 아뢰라 그리하면 모든 지각에 뛰어난 하나님의 평강이 그리스도 예수 안에서 너희 마음과 생각을 지키시리라"라고 말씀하고 있어. 이 구절은 기도가 우리에게 주는 평강을 강조하고 있지.

기도할 때 우리는 우리의 염려를 하나님께 맡기고, 그분의 평강이 우리 마음을 지켜주시지. 기도는 우리에게 힘을 주고, 마음의 평안을 가져오며, 하나님의 뜻을 이루는 도구가 돼.

기도의 힘은 우리가 직접 경험할 수 있는 강력한 힘이야. 우리는 기도를 통해 하나님과의 관계를 더욱 깊이 하고, 하나님의 뜻을 이룰 수 있도록 그분께 우리의 마음을 맡기지. 기도는 우리의 삶을 변화시키고, 하나님의 뜻이 우리의 삶에 이루어지게 만들어.

기도는 우리가 하나님 앞에 설 수 있는 유일한 길이다.
기도할 때, 우리는 하나님께 모든 것을 맡기고
그분의 뜻을 따르기로 결단한다.
— 본회퍼 —

하나님의 계획

롬 8:28 우리가 알거니와 하나님을 사랑하는 자 곧 그 뜻대로 부르심을 입은 자들에게는 모든 것이 합력하여 선을 이루느니라

하나님은 우리의 삶을 위한 계획을 가지고 계셔. 때로 우리는 우리의 길이 불확실하고 험난해 보일 때가 있지. 하지만 하나님의 계획은 항상 우리를 위한 가장 좋은 길이야. 우리는 그분의 계획을 신뢰하고 따를 때, 하나님의 인도하심 속에서 우리의 삶은 풍성하고 의미 있게 돼.

하나님의 계획은 우리가 이해할 수 없는 부분도 있지만, 그 계획이 항상 최선이라는 믿음을 가지고 따라가야 해. 하나님의 계획은 우리의 삶을 아름답게 만들며, 우리가 그분의 뜻을 따를 때, 우리는 하나님의 섭리를 더욱 깊이 경험하게 되는 거야.

어거스틴은 "하나님께서 우리에게 주시는 계획은 우리를 위한 가장 좋은 길이다. 우리가 그 길을 걸어갈 때, 우리는 진정한 평안과 기쁨을 경험하게 된다."라고 말했어. 어거스틴의 말처럼, 하나님의 계획은 우리의 삶에 진정한 기쁨과 평안을 가져와. 우리는 그분의 계획

을 신뢰하고 따를 때, 비록 힘들고 어렵더라도 그 길이 결국 우리에게 가장 좋은 길임을 알게 되지.

본회퍼도 "하나님의 뜻을 따르는 것이 어려울 때도 있지만, 그 뜻이 우리의 삶을 이루어가는 최선의 길임을 믿어야 한다."라고 말했어. 본회퍼의 말처럼, 하나님의 뜻을 따르는 것은 때로 쉽지 않지만, 그 뜻이 우리를 위해 최선의 길이라는 믿음을 갖고 따라가야 해. 하나님의 계획은 우리의 삶을 더욱 의미 있고 풍성하게 만들어주시지.

로마서 8장 28절은 하나님의 계획이 우리를 향한 선한 뜻임을 분명히 나타내고 있어. 우리는 하나님을 사랑하고 그분의 뜻대로 살아갈 때, 우리의 삶은 결국 선한 결과를 맺게 되지.

하나님의 계획은 우리가 이해할 수 없는 부분도 있지만, 그 계획이 결국 우리에게 가장 좋은 것을 가져다준다는 확신을 갖고 살아가야 해. 하나님의 인도하심을 믿고, 그분의 계획을 따를 때, 우리는 하나님의 뜻이 이루어지는 삶을 경험하고, 그 삶은 우리에게 평안과 기쁨을 안겨주지.

하나님께서는 우리의 삶을 인도하시며, 우리가 알지 못하는 길로도 우리를 이끌어가신다. 우리는 그분을 믿고 그분의 계획을 신뢰해야 한다.
— 존 웨슬리 —

은혜의 깊이

고후 9:8 하나님이 능히 모든 은혜를 너희에게 넘치게 하시나니 이는 너희로 모든 일에 항상 모든 것이 넉넉하여 모든 착한 일을 넘치게 하게 하려 하심이라

은혜는 하나님의 사랑이 우리에게 임하는 방식이야. 하나님은 우리의 공로가 아니라, 그분의 은혜로 우리를 구원하셨고, 그 은혜로 매일의 삶을 이끌어 가셔. 우리는 그 은혜를 통해 힘을 얻고, 하나님의 뜻을 이룰 수 있는 능력을 부여받지. 은혜는 우리의 연약함을 강하게 만들며, 하나님의 사랑이 우리의 삶을 변화시키지.

존 웨슬리는 "은혜는 우리에게 아무 조건 없이 주어진 하나님의 선물이다. 우리가 은혜를 깨닫고 그 은혜에 감사할 때, 우리의 삶은 새로워진다."라고 말했어. 웨슬리의 말처럼, 은혜는 우리가 자격 없이 받는 하나님의 선물이지.

그 은혜를 깨닫고 감사할 때, 우리의 삶은 하나님 안에서 변화되고 새로워지며, 그 은혜를 받은 자로서 더욱 겸손하게 살아갈 수 있어.

하나님의 은혜는 우리의 삶에서 불가능을 가능하게 만들어. 우리

는 하나님의 은혜로 부족함을 채우고, 어떤 어려움도 그 은혜를 의지하여 극복할 수 있어.

본회퍼도 "은혜는 우리가 받을 자격이 없을 때, 하나님께서 주시는 하나님의 사랑이다. 은혜는 우리를 변하게 하며, 우리의 마음을 깨끗하게 만든다."라고 말했어. 본회퍼의 말처럼, 은혜는 우리가 받을 자격이 없을 때, 하나님의 사랑으로 주어진 거야. 이 은혜가 우리의 삶을 깨끗하게 하고, 우리의 마음을 새롭게 해. 은혜를 받은 자는 다른 이들에게 그 은혜를 나누며 살아가야 해.

에베소서 2장 8-9절에서는 "너희가 그 은혜에 의하여 믿음으로 구원을 받았으니 이것은 너희에게서 난 것이 아니요 하나님의 선물이라"라고 말씀하고 있어. 이 구절은 구원이 은혜로 주어졌음을 분명히 하고 있어. 우리는 그 은혜를 통해 구원을 얻었고, 그 은혜는 우리 삶에 매일 임하며 우리를 변화시키지.

하나님의 은혜는 우리의 삶에 가장 큰 축복이야. 우리는 하나님의 은혜를 통해 힘을 얻고, 그 은혜로 우리가 할 수 없는 일을 가능하게 하시지. 하나님의 은혜는 우리의 마음을 변화시키고, 우리의 삶을 새롭게 만들어.

하나님의 은혜는 우리의 삶에서 불가능을 가능케 만든다.
우리는 그 은혜에 의지하여, 어떤 어려움도 극복할 수 있다.
— 어거스틴 —

순종의 길

신 10:12-13 이스라엘아 네 하나님 여호와께서 네게 요구하시는 것이 무엇이냐 곧 네 하나님 여호와를 경외하여 그의 모든 도를 행하고 그를 사랑하며 마음을 다하고 뜻을 다하여 네 하나님 여호와를 섬기고 내가 오늘 네 행복을 위하여 네게 명하는 여호와의 명령과 규례를 지킬 것이 아니냐

순종은 하나님과의 관계에서 중요한 열매야. 하나님은 우리의 삶에서 우리에게 주어진 계명들을 지키기를 원하셔. 그분의 명령을 따르는 것은 단순한 의무가 아니라, 하나님과 깊은 관계를 맺는 길이야. 우리가 하나님을 사랑하고 그분의 뜻에 순종할 때, 우리 삶은 그분의 은혜와 축복 속에서 온전히 이루어지게 되는 거야.

존 웨슬리는 "순종은 단순히 법을 지키는 것이 아니라, 하나님과의 관계에서 우리의 마음을 기쁘게 하는 것이다. 그분의 뜻을 따를 때, 우리는 그분과 더 가까워진다."라고 말했어. 웨슬리의 말처럼, 순종은 우리가 하나님과의 관계를 깊이 하게 만드는 방법이야. 하나님께 순종할 때, 우리의 마음은 그분의 뜻에 맞춰져 가며, 그분과의 관계는 더욱 친밀해지고 강화되는 거야.

하나님의 뜻에 순종할 때, 우리는 진정한 기쁨과 평안을 발견하게 되지. 순종은 우리의 삶을 그분께 드리는 행위이며, 그로 인해 하나님과의 관계에서 얻는 평안은 세상 그 어떤 것과도 비교할 수 없어.

본회퍼도 "순종은 우리의 삶을 변화시키는 힘이다. 우리가 하나님 앞에 순종할 때, 그분은 우리를 통해 자신의 뜻을 이루어 가신다."라고 말했어. 본회퍼의 말처럼, 순종은 우리의 삶을 변화시키는 중요한 열쇠야. 하나님께 순종함으로써 우리는 그분의 뜻을 이루는 도구가 되며, 그분의 영광을 위해 살아가게 되는 거야.

히브리서 5장 8절에서는 "그가 아들이시면서도 받으신 고난으로 순종함을 배워서"라고 말씀하고 있어. 이 구절은 순종이 고난을 통해 배워진다는 깊은 진리를 말해주고 있어. 예수님도 고난을 통해 순종을 배우셨지. 우리 역시 순종의 길을 갈 때, 때로는 고난과 어려움이 있을지라도, 그 속에서 하나님을 더욱 깊이 이해하고 순종을 배우게 돼.

순종은 하나님의 뜻을 따르는 가장 중요한 길이야. 우리는 하나님의 계명에 순종할 때, 그분의 뜻이 우리의 삶을 통해 이루어지고, 우리 삶은 그분의 축복과 평안으로 가득하게 되는 거야.

하나님의 뜻에 순종하는 것은 우리의 마음을 온전히 그분께 드리는 것이다.
그 순종을 통해 우리는 진정한 평안과 기쁨을 찾을 수 있다.
- 어거스틴 -

인내의 열매

약 1:2-3　내 형제들아 너희가 여러 가지 시험을 당하거든 온전히 기쁘게 여기라 이는 너희 믿음의 시련이 인내를 만들어 내는 줄 너희가 앎이라

인내는 우리의 믿음을 단련하는 중요한 과정이야. 우리는 삶의 어려운 순간들을 통해 믿음이 더욱 강해지고, 그 속에서 하나님을 더욱 의지하게 되지. 어려움은 우리에게 인내를 가르치며, 그 인내가 결국 하나님의 뜻을 이루는 길이 되는 거야. 인내는 단지 참는 것이 아니라, 그 가운데서도 하나님을 신뢰하며 믿음을 키워가는 과정이야.

인내는 고난 속에서 하나님을 신뢰하는 자세야. 우리가 하나님의 뜻을 믿고 따르며 인내할 때, 그 인내가 우리를 성장시키고 하나님의 계획을 이루게 만들지.

어거스틴은 "하나님은 우리의 인내를 통해 더 큰 은혜를 부어주신다. 우리의 고난과 어려움 속에서, 하나님은 우리를 더욱 깊이 알아가게 하신다."라고 말했어. 어거스틴의 말처럼, 하나님은 우리의 인내를 통해 우리가 더 많은 은혜를 경험하도록 하셔. 고난과 어려움 속에서 우리는 하나님을 더욱 의지하며, 그 은혜를 깊이 깨닫고 삶을

더욱 풍성하게 살아갈 수 있어.

본회퍼도 "인내는 하나님께 대한 신뢰와 순종의 표현이다. 고난 속에서 하나님을 신뢰하며, 그분의 뜻에 따를 때 우리는 더욱 성숙해진다."라고 말했어. 본회퍼의 말처럼, 인내는 하나님에 대한 신뢰와 순종을 나타내는 중요한 열매야. 우리가 고난과 어려움을 겪을 때, 그 안에서 하나님을 신뢰하고 순종할 때, 우리는 성숙해지고 하나님의 뜻을 더 잘 이해하게 되지.

로마서 5장 3-4절에서는 "우리가 환난 중에도 즐거워하나니 이는 환난은 인내를, 인내는 연단을, 연단은 소망을 이루는 줄 앎이로다"라고 말씀하고 있어. 이 구절은 인내가 우리를 성장시키는 과정임을 알려주지. 환난과 고난은 결국 인내를 이루게 하고, 그 인내가 우리의 믿음을 더욱 강하게 만들어 주며, 소망을 품게 해.

인내는 단순히 어려움을 견디는 것이 아니야. 그 어려움 속에서도 하나님을 신뢰하며, 그분의 뜻에 순종하는 과정이야. 우리가 인내를 통해 믿음이 깊어지고, 하나님의 계획을 더 잘 알게 되며, 우리의 삶이 하나님을 향한 신뢰와 순종으로 가득 차게 되지.

인내는 우리가 하나님을 신뢰하는 마음으로, 고난을 견디며 믿음을 지키는 것이다.
이 과정 속에서 우리는 하나님의 뜻을 더욱 깊이 이해하게 된다.
— 존 웨슬리 —

감사의 힘

시 100:4 감사함으로 그의 문에 들어가며 찬송함으로 그의 궁정에 들어가서 그에게 감사하며 그의 이름을 송축할지어다

감사는 하나님과의 관계에서 중요한 역할을 해. 우리는 감사할 때 하나님과의 관계가 깊어지고, 그분의 은혜와 사랑을 더욱 분명히 느끼게 되는 거야. 감사는 단지 좋은 일이 일어났을 때만 하는 것이 아니야. 어려움과 고난 속에서도 감사함으로 하나님을 찬양할 때, 우리는 하나님을 더 신뢰하게 되고, 그분의 능력을 더 의지하게 되는 거야.

존 웨슬리는 "감사는 우리의 마음을 하나님께 돌려주는 것이다. 하나님께 감사할 때, 우리의 믿음은 더욱 자라며, 하나님의 뜻이 이루어지는 길을 따라가게 된다."라고 말했어. 웨슬리의 말처럼, 감사는 우리의 믿음을 더욱 자라게 하지. 우리가 감사할 때, 그 감사는 우리를 하나님의 뜻을 따르도록 인도하며, 하나님께 더 가까이 나아가는 길이야.

어거스틴도 "하나님께 감사하는 것은 우리가 하나님을 온전히 신

뢰한다는 증거이다. 감사는 우리의 마음을 하나님께 드리는 행위이다."라고 말했지. 어거스틴의 말처럼, 감사는 하나님을 신뢰하는 마음의 표현이야. 감사함으로 하나님을 찬양할 때, 우리는 하나님께 더 가까이 나아가게 되고, 그분의 은혜와 축복을 더욱 깊이 체험하게 되는 거야.

감사는 우리의 믿음을 더욱 강하게 만들어. 우리가 하나님께 감사할 때, 그 감사는 우리가 그분의 계획을 신뢰하고, 그분의 뜻에 순종하는 힘이 되는 거야.

빌립보서 4장 6절에서 "아무 것도 염려하지 말고 다만 모든 일에 기도와 간구로, 너희 구할 것을 감사함으로 하나님께 아뢰라"라고 말씀하고 있어. 이 구절은 감사가 우리의 염려와 걱정을 덜어주는 힘을 가짐을 알려주고 있어. 기도와 간구로 하나님께 우리의 마음을 쏟아낼 때, 그 감사가 우리의 마음을 평안하게 만들며, 하나님의 응답을 더욱 신뢰하게 만들지.

감사는 우리가 하나님과의 관계에서 더 가까워지도록 만들어. 우리가 하나님께 감사할 때, 우리의 마음은 그분의 은혜와 사랑에 더욱 기울어지며, 하나님께서 주시는 평안과 기쁨을 경험하게 되지.

감사는 우리의 믿음을 더욱 강하게 하고, 하나님께서 하시는 모든 일에 대해 감사할 때, 우리는 그분의 계획을 신뢰하게 된다.
― 본회퍼 ―

겸손의 아름다움

벧 5:6 그러므로 하나님의 능하신 손 아래에서 겸손하라 그리하면 때가 되면 너희를 높이시리라

겸손은 하나님의 뜻을 따르는 중요한 덕목이야. 우리는 겸손할 때 하나님께서 우리를 높여주시며, 그분의 은혜가 우리 삶에 넘쳐 흐르게 되지. 겸손은 자신을 낮추는 것이 아니라, 하나님을 높이고 그분의 뜻에 순종하는 마음의 자세야. 겸손은 하나님 앞에서 자신을 있는 그대로 인정하고, 하나님께서 이끄시는 대로 따르는 마음을 가질 때 진정한 아름다움이 나타나.

존 웨슬리는 "겸손은 하나님의 은혜를 깨닫고, 그 은혜를 다른 사람에게 나누는 것이다. 겸손은 우리를 하나님 앞에서 진정으로 높여주는 열쇠이다."라고 말했어. 웨슬리의 말처럼, 겸손은 하나님의 은혜를 나누는 중요한 방법이지. 우리가 겸손할 때, 하나님의 뜻을 따르며 다른 사람들에게 그 은혜를 전달할 수 있게 돼.

겸손은 하나님을 사랑하고 순종하는 마음의 표현이야. 우리가 하나님을 진심으로 사랑할 때, 자연스럽게 겸손한 마음으로 그분의 뜻

에 따르게 되는 거야.

본회퍼도 "겸손은 자신을 낮추는 것이 아니라, 하나님께 자신의 모든 것을 맡기는 것이다. 하나님께 맡길 때 우리는 진정으로 자유롭게 된다."라고 말했지. 본회퍼의 말처럼, 겸손은 하나님께 자신을 온전히 맡기는 거야. 우리가 하나님께 모든 것을 맡길 때, 우리는 진정한 자유를 얻게 되고, 하나님께서 우리의 삶을 인도하시지.

빌립보서 2장 3-4절에서 "아무 일에든지 다툼이나 허영으로 하지 말고 오직 겸손한 마음으로 각각 자기보다 남을 낫게 여기고 각각 자기 일을 돌아볼뿐더러 또한 각각 다른 사람들의 일을 돌보아 나의 기쁨을 충만하게 하라"라고 말씀하고 있어. 이 구절은 겸손한 마음으로 다른 사람들을 배려하고, 그들의 유익을 생각하는 것을 강조해. 우리가 겸손할 때, 우리의 삶이 다른 사람들에게도 영향을 미치고, 하나님의 사랑을 더욱 널리 전할 수 있게 돼.

겸손은 하나님께 순종하고, 다른 사람을 배려하는 마음이야. 우리가 겸손하게 살아갈 때, 하나님께서 우리의 삶을 더욱 아름답게 만드시지. 겸손은 그 자체로 하나님께 영광을 돌리는 행위이며, 우리의 삶이 더욱 하나님의 뜻을 이루는 도구가 되는 거야.

겸손은 우리가 하나님을 사랑하고, 그분의 뜻을 기쁨으로 따르는 마음이다.
진정한 겸손은 자신의 자리를 알고 하나님께 순종하는 것이다.
– 어거스틴 –

사랑의 실천

고전 13:4-5 사랑은 오래 참고 사랑은 온유하며 시기하지 아니하며 사랑은 자랑하지 아니하며 교만하지 아니하며 무례히 행하지 아니하며 자기 유익을 구하지 아니하며 성내지 아니하며 악한 것을 생각하지 아니하며

사랑은 단지 말로만 표현되는 것이 아니야. 사랑은 실천으로 나타나는 거야. 하나님의 사랑은 우리를 향한 끝없는 헌신과 희생으로 드러났으며, 우리도 그 사랑을 다른 이들에게 실천하며 살아가야 해. 사랑은 우리가 다른 사람의 유익을 위해 살 때 진정으로 빛을 발하지. 우리는 사랑을 실천함으로써 세상을 변화시키고, 하나님의 뜻을 이루어가는 중요한 역할을 하게 돼.

사랑은 행동으로 나타나는 거야. 우리가 진정으로 사랑할 때, 그 사랑은 우리의 삶 속에서 실천되어야 해.

어거스틴은 "하나님의 사랑은 우리가 사랑을 실천할 수 있도록 우리 안에 부어졌다. 그 사랑을 다른 사람에게 나누는 것이 우리가 해야 할 일이다."라고 말했어. 어거스틴의 말처럼, 하나님의 사랑은 우리에게 부어진 것이며, 우리는 그 사랑을 실천적으로 다른 사람에게

나누어야 해.

본회퍼는 "사랑은 하나님을 사랑하는 마음에서 출발하며, 이 사랑은 우리의 행동 속에서 나타난다. 진정한 사랑은 우리가 먼저 하나님을 사랑하고, 그 사랑을 이웃에게 전하는 것이다."라고 말했어. 본회퍼의 말처럼, 사랑은 하나님을 사랑하는 마음에서 시작되고, 그 사랑은 이웃에게 실천되어야 해.

요한일서 4장 7-8절에서는 "사랑하는 자들아 우리가 서로 사랑하자 사랑은 하나님께 속한 것이니 사랑하는 자마다 하나님으로부터 나서 하나님을 알고 사랑하지 아니하는 자는 하나님을 알지 못하나니 이는 하나님은 사랑이심이라"라고 말씀하고 있어. 이 구절은 사랑이 하나님과의 관계에서 가장 중요한 요소임을 강조하고 있는 거야. 우리가 서로 사랑할 때, 하나님과의 관계도 깊어지고, 하나님의 사랑을 더 잘 알게 돼.

사랑은 단지 감정이나 생각이 아니라, 구체적인 행동과 실천이야. 우리가 사랑을 실천할 때, 그 사랑이 우리를 변화시키고, 세상에 하나님의 빛을 비추게 되지. 사랑은 우리에게 주어진 사명이며, 그 사랑을 통해 우리는 하나님을 더욱 온전히 따를 수 있어.

사랑은 단지 말이 아니라 행동이다. 우리가 사랑할 때,
그 사랑은 반드시 실천으로 나타나야 한다.
− 존 웨슬리 −

믿음의 시련을 넘어서

약 1:2-3 너희가 여러 가지 시험을 당하거든 온전히 기쁘게 여기라 이는 너희 믿음의 시련이 인내를 만들어 내는 줄 앎이라

믿음의 시련은 우리가 성장하는 과정에서 중요한 역할을 해. 우리는 믿음의 여정에서 어려움과 고난을 겪을 수밖에 없어. 하지만 그 시련 속에서 하나님은 우리를 더욱 단단하게 만들고, 믿음이 깊어지며 인내를 배우게 되지. 시련을 기쁘게 받아들일 때, 우리는 하나님께서 그 속에서 우리에게 주시는 교훈을 발견할 수 있어.

존 웨슬리는 "믿음은 시련을 통해 더 강해지고, 우리는 그 시련 속에서 하나님을 더 깊이 의지하게 된다."라고 말했어. 웨슬리의 말처럼, 믿음의 시련은 우리를 더욱 강하게 만들고, 그 시련 속에서 하나님의 은혜를 더욱 깊이 체험하게 되는 거야.

어거스틴도 "하나님은 우리의 믿음을 시험하여, 우리를 그분의 뜻에 더 가까워지게 하신다. 시련을 통해 우리는 하나님을 더욱 신뢰하게 된다." 이렇게 말했어. 어거스틴의 말처럼, 하나님은 시련을 통해 우리의 믿음을 다듬으시지. 그 시련이 결국 하나님을 더 신뢰하게 만

드는 도전이 되지.

믿음은 시련을 거쳐야 진정성을 갖게 돼. 그 시련을 통과한 후에는 더욱 강하고 깊은 믿음을 가질 수 있어.

로마서 5장 3-4절에서는 "다만 이뿐 아니라 우리가 환난 중에도 즐거워하나니 이는 환난은 인내를, 인내는 연단을, 연단은 소망을 이루는 줄 앎이로다"라고 말씀하고 있어. 이 구절은 환난과 시련이 결국 소망을 이루는 과정임을 강조하고 있지. 우리의 믿음은 시련을 통해 더 순수하고 강하게 되어, 결국 하나님께서 주시는 소망에 이를 수 있어.

믿음의 시련은 결코 무의미한 것이 아니야. 그 시련 속에서 우리는 하나님을 더 깊이 알게 되고, 우리의 믿음은 더욱 단단해지지. 그 시련을 통해 우리는 하나님의 뜻을 더욱 분명히 깨닫게 되며, 하나님께서 우리를 어떻게 이끄시는지 알게 되는 거야.

믿음의 진정성은 시련을 거쳐야 한다. 우리가 믿음의 시련을 견딜 때, 하나님은 우리의 믿음을 더욱 견고하게 하신다.
— 본회퍼 —

인내의 결과

약 1:12 시험을 참는 자는 복이 있나니 이는 시련을 견디어 낸 자가 주께서 자기를 사랑하는 자들에게 약속하신 생명의 면류관을 얻을 것이기 때문이라

인내는 믿음의 여정에서 중요한 열쇠야. 우리는 하나님의 뜻을 이루기 위해 많은 인내가 필요해. 인내는 우리의 성품을 단련시키고, 하나님의 뜻을 이루기 위한 준비 기간이야. 인내 없이 하나님의 일은 이루어지지 않으며, 우리가 흔들리지 않고 끝까지 믿음을 지킬 때 하나님께서 약속을 이루셔.

존 웨슬리는 "인내는 믿음의 기초이며, 우리가 어려움을 겪을 때 그 기초를 놓치지 않도록 해야 한다."라고 말했어. 웨슬리의 말처럼, 인내는 우리의 믿음의 기초야. 우리는 그 기초 위에서 흔들림 없이 나아가야 해.

하나님은 인내를 통해 우리를 훈련시키시며, 그 훈련을 잘 견딜 때 하나님의 은혜가 더욱 넘치게 되지.

본회퍼도 "인내는 믿음의 성숙으로 가는 길이다. 우리가 인내할

때, 하나님은 우리에게 믿음의 성숙을 주신다." 이렇게 말했지. 본회퍼의 말처럼, 인내는 믿음을 더욱 성숙하게 만들어. 우리는 그 과정에서 하나님을 더욱 신뢰하게 되는 거지.

로마서 8장 25절에서는 "우리가 보지 못하는 것을 바라면 참음으로 기다릴지니라"라고 말씀하고 있어. 이 구절은 기다림과 인내가 필요할 때, 우리는 하나님께서 주시는 소망을 붙잡고 그 인내를 기쁨으로 받아들여야 한다고 말하고 있어.

인내는 결코 쉬운 일이 아니야. 우리는 자주 지치고 힘들어하지만, 그 인내를 통해 하나님은 우리의 믿음을 더욱 강하게 하시지. 인내는 우리를 연단 시키며, 그 연단을 통해 우리는 하나님께서 주시는 열매들을 맺게 되는 거야.

- 성령의 열매 (갈 5:22-23)
- 의의 열매 (빌 1:11)
- 찬양과 감사의 열매 (히 13:15)
- 복음의 열매 (골 1:6)
- 선한 행실의 열매 (골 1:10)
- 영혼 구원의 열매 (잠 11:30)

하나님은 우리를 훈련시키기 위해 인내를 요구하신다.
우리가 그 훈련을 잘 견딜 때, 하나님은 더 큰 은혜를 주신다.
― 어거스틴 ―

하나님의 은혜

고전 15:10 그러나 내가 나 된 것은 하나님의 은혜로 된 것이니 내게 주신 그의 은혜가 헛되지 아니하여 내가 모든 사도보다 더 많이 수고하였으나 내가 한것이 아니요 오직 나와 함께 하신 하나님의 은혜로라

하나님의 은혜는 우리의 삶을 완전히 변화시키는 힘이야. 우리는 하나님의 은혜 없이 아무것도 할 수 없으며, 그 은혜가 우리의 모든 사역과 일에 근본적인 힘이 되지. 하나님의 은혜는 우리가 받아들일 때, 우리의 삶을 새롭게 하고, 우리 안에 있는 모든 죄와 연약함을 덮어주셔.

존 웨슬리는 "하나님의 은혜는 우리가 노력하지 않아도 우리에게 임하며, 그 은혜로 우리는 변화된다."라고 말했어. 웨슬리의 말처럼, 하나님의 은혜는 우리가 노력하거나 자격이 없더라도 주어지는 거야. 그 은혜를 통해 우리는 하나님의 뜻을 이루는 삶을 살 수 있게 되는 거지.

어거스틴도 "하나님의 은혜는 우리가 무엇을 할 수 있는지, 무엇을 할 수 없는지를 보여준다. 우리는 하나님의 은혜 없이는 무엇도 할 수 없다." 이렇게 말했어. 어거스틴의 말처럼, 하나님의 은혜는 우리에게 무엇을 해야 할지, 무엇을 할 수 있는지를 명확히 알려주

지. 그 은혜 없이는 우리는 아무것도 할 수 없어.

하나님의 은혜는 우리가 온전히 하나님을 신뢰하고 의지할 때 완전히 경험되는 거야. 그 은혜는 우리의 믿음을 더욱 깊게 하고, 우리의 삶을 풍성하게 만들어.

에베소서 2장 8-9절에서 "너희는 그 은혜에 의하여 믿음으로 말미암아 구원을 받았으니 이것이 너희에게서 난 것이 아니요 하나님의 선물이라 행위에서 난 것이 아니니 이는 누구든지 자랑하지 못하게 함이라"라고 말씀하고 있어. 이 구절은 하나님의 은혜가 구원의 근본적 원천임을 알려주지. 우리는 그 은혜로 구원받고, 그 은혜로 살아가는 존재임을 잊지 말아야 해.

하나님의 은혜는 우리가 생각하는 것 이상으로 크고 놀라워. 그 은혜는 우리의 모든 부족함을 채우고, 우리가 할 수 없는 것을 가능하게 만들어. 하나님의 은혜로 우리는 하나님께서 원하시는 길을 따라갈 수 있으며, 그 은혜가 우리의 삶을 통해 하나님께 영광을 돌리게 하지.

하나님의 은혜는 우리가 그분을 의지하고 신뢰할 때에만 온전히 경험할 수 있다.

– 본회퍼 –

사랑은 행동

약 2:15-17 만일 형제나 자매가 헐벗고 일용할 양식이 없는데 너희 중에 누구든지 그에게 이르되 평안히 가라, 덥게 하라, 배부르게 하라 하며 그 몸에 쓸 것을 주지 아니하면 무슨 유익이 있으리요 이와 같이 행함이 없는 믿음은 그 자체가 죽은 것이라

사랑은 단순한 감정이 아니라, 행동으로 나타나야 하는 덕목이야. 사랑은 우리가 서로에게 보여주는 행동을 통해 진정성을 확인할 수 있어. 사랑은 우리가 어떻게 행동하느냐에 따라 우리의 믿음이 진짜인지, 하나님께서 주신 사랑을 실제로 실천하는지 알 수 있지.

우리는 하나님의 사랑을 경험하고 그 사랑을 세상에 전하는 사명을 맡았어. 이 사랑은 단지 마음속에만 머물러서는 안 돼. 우리의 손과 발로 실천하며, 마음을 다해 사랑을 나누어야 하는 거야.

존 웨슬리는 "사랑은 마음에서만 머물지 않고, 우리의 삶과 행동 속에서 나타난다. 사랑은 주는 것이다."라고 말했어. 웨슬리의 말처럼, 사랑은 우리 삶에서 실천으로 드러나야 해. 우리는 사랑을 통해 이웃을 돕고, 필요한 사람들에게 나누어주며, 하나님의 사랑을 세상

에 보여야 해.

 어거스틴도 "사랑은 단순히 감정을 넘어서, 우리의 모든 삶에서 나타나야 한다. 사랑을 실천할 때 우리는 진정으로 하나님의 뜻을 따르는 것이다."라고 말했어. 어거스틴의 말처럼, 사랑은 단순히 감정이나 생각에 그치지 않고, 우리의 삶 전체에서 실천적으로 나타나야 해. 우리는 사랑을 실천함으로써 하나님의 뜻을 이루어가는 사람들이야.

 사랑은 희생을 동반해. 우리가 다른 사람을 사랑할 때, 우리의 편안함이나 이익보다 그 사람의 필요를 먼저 생각하고 기꺼이 나누는 마음을 가져야 해.

 요한일서 4장 7-8절에서는 "사랑하는 자들아 우리가 서로 사랑하자 사랑은 하나님께 속한 것이니 사랑하는 자마다 하나님으로부터 나서 하나님을 알고 사랑하지 아니하는 자는 하나님을 알지 못하나니 이는 하나님은 사랑이심이라"라고 말씀하고 있어. 이 구절은 사랑이 하나님께 속한 것이며, 우리는 하나님을 알기 위해서는 서로 사랑해야 한다는 중요한 진리를 전하고 있어. 하나님의 사랑을 경험한 사람들은 그 사랑을 실천적으로 나누며, 이웃을 사랑하는 삶을 살아야 하는 거야.

 사랑의 실천은 결국 우리 삶의 중심이 되어야 해. 우리는 사랑을 말로만 하지 말고, 실제로 행동으로 보여야 하는 거야. 하나님의 사랑을 경험하고 그 사랑을 다른 사람들에게 나누며, 세상에 하나님의 사랑을 전하는 사람들이 되어야 해.

사랑은 희생적인 것이다. 우리는 사랑할 때, 자신의 이익을 넘어서서 다른 사람을 위해 기꺼이 희생할 준비가 되어 있어야 한다.

— 본회퍼 —

믿음 안에 소망

시 130:5-6 나 곧 내 영혼은 여호와를 기다리며 나는 주의 말씀을 바라는도다 파수꾼이 아침을 기다림보다 내 영혼이 주를 더 기다리나니 참으로 파수꾼이 아침을 기다림보다 더하도다

믿음은 우리가 보는 것에 의존하지 않고, 하나님의 말씀을 신뢰하는 거야. 믿음은 어떤 상황에 처해 있든 하나님이 약속하신 것을 믿고 그것을 실현하기 위한 결단이지. 믿음의 결단은 우리에게 도전을 주며, 그 결단을 통해 우리는 하나님께서 하신 일을 믿고, 그분을 신뢰하게 되는 거야. 우리는 믿음을 통해 우리 삶의 방향을 정하고, 하나님께서 이루시기를 원하시는 뜻을 따르기로 결단하면 되는 거야.

존 웨슬리는 "믿음은 단지 마음의 생각에 그치지 않는다. 믿음은 우리가 그 믿음을 행동으로 옮길 때 완전해진다."라고 말했어. 웨슬리의 말처럼, 믿음은 단지 생각에 머물지 않고, 우리의 삶에서 나타나야 해. 우리가 믿음을 행동으로 옮길 때, 하나님께서는 그 믿음을 통해 역사하시며 우리의 삶을 변화시키시지.

믿음은 우리가 보지 못한 것을 믿고, 그 믿음이 우리를 인도해가

는 힘이야. 우리는 보지 못하는 것에 대한 확신을 가지고, 그 믿음을 따라 나아가야 해.

본회퍼도 "믿음은 단순히 기대하는 것이 아니라, 그 기대를 행동으로 옮기는 것이다. 믿음은 나의 결단을 통해 하나님께서 역사하신다."라고 말했어. 본회퍼의 말처럼, 믿음은 결단을 통해 실천되어야 해. 우리는 믿음을 바탕으로 결단을 내리고, 그 결단을 실천하며 하나님께서 이끄시는 길을 가야 해.

야고보서 2장 17절에서는 "이와 같이 행함이 없는 믿음은 그 자체가 죽은 것이라"라고 말씀하고 있어. 이 구절은 믿음은 반드시 행동으로 나타나야 한다는 중요한 진리를 전하고 있지. 우리는 믿음을 가지고 결단을 내리고, 그 믿음을 행동으로 실천해야 해.

믿음의 결단은 우리의 삶을 변화시키는 중요한 요소야. 우리는 믿음을 통해 어려움과 도전 속에서 하나님께 의지하고, 그 믿음을 실천하며 하나님의 뜻을 이루어가는 사람들로 살아가야 해.

―•◂◂◂•―

믿음은 우리가 보지 못한 것을 믿는 것이며,
그것이 우리의 삶을 바꾸고 우리의 길을 인도한다.
― 어거스틴 ―

소망의 길

롬 8:24 우리가 소망으로 구원을 얻었으매 보이는 소망이 소망이 아니니 보는 것을 누가 바라리요

소망은 우리의 눈에 보이지 않는 것을 믿고, 그것을 기다리는 힘이지. 소망은 우리가 현재 처한 상황에 상관없이, 하나님께서 약속하신 미래를 확신하며 살아가는 믿음의 동력이야. 소망이 있을 때, 우리는 어떤 어려움이나 시련도 이겨낼 수 있는 용기를 갖게 되는 거야. 소망은 우리의 마음을 평안하게 하고, 하나님의 뜻을 따르며 살아갈 수 있는 힘을 줘. 소망은 우리가 겪는 모든 어려움 가운데 하나님의 손길을 믿으며, 그분의 인도하심을 기다리는 마음이야.

존 웨슬리는 "소망은 우리의 마음을 강하게 하며, 우리가 하나님의 뜻을 따라 살아갈 수 있도록 인도한다."라고 말했어. 웨슬리의 말처럼, 소망은 우리가 어려운 상황 속에서도 하나님의 인도하심을 믿고 나아갈 수 있게 만들어. 우리는 소망을 통해 하나님의 약속을 믿고, 미래를 향한 믿음의 걸음을 내딛지.

어거스틴도 "소망은 우리가 하나님께서 주시는 것을 믿고 기다리

는 것이다. 그것이 우리를 강하게 하고, 끝까지 믿음을 지킬 수 있게 한다."라고 말했어. 어거스틴의 말처럼, 소망은 하나님이 주시는 것에 대한 믿음과 기다림으로, 우리를 끝까지 붙잡아 주는 힘이야. 우리는 소망을 가지고 하나님의 뜻을 기다리며 살아가야 해.

소망은 아직 경험하지 못한 것에 대한 확신을 가지고, 하나님께서 이루실 것을 믿는 믿음의 열매야. 우리는 소망을 가지고 믿음을 더욱 깊게 하며, 하나님께서 이루실 일들을 기대하며 살아가야 해.

로마서 15장 13절에서 "소망의 하나님이 모든 기쁨과 평강을 믿음 안에서 너희에게 충만하게 하사 성령의 능력으로 소망이 넘치게 하시기를 원하노라"라고 말씀하시고 있어. 이 구절은 소망이 하나님께서 주시는 기쁨과 평강을 통해 우리 안에 넘치게 될 것이라는 약속을 담고 있지. 우리는 소망을 통해 하나님께서 주시는 기쁨과 평강을 경험하며, 그 소망이 넘치도록 살아가야 해.

소망의 길은 우리의 삶을 인도하는 중요한 등불이야. 우리는 소망을 가지고 하나님을 신뢰하며, 그분이 우리에게 주실 미래를 기다리고 기대할 수 있는 마음을 가져야 해. 소망은 어떤 상황 속에서도 우리에게 힘을 주며, 우리가 하나님의 뜻을 따라 살아갈 수 있게 인도하지.

소망은 우리가 아직 경험하지 못한 것을 믿는 것이다. 그것이 바로
신앙의 깊이를 나타내며, 우리의 삶을 변화시킨다.
— 본회퍼 —

하나님의 시간

합 2:3 이 묵시는 정한 때가 있나니 그 종말이 속히 이르겠고 결코 거짓되지 아니하리라 비록 더딜지라도 기다리라 지체되지 않고 반드시 응하리라

하나님의 시간은 우리의 시간과 달라. 우리는 종종 내가 원하는 때, 내가 원하는 방식으로 응답받기를 기대하지만, 하나님은 우리의 믿음과 기다림을 통해 하나님의 뜻을 이루어가셔. 하나님은 모든 것을 제 때에 맞추어 이루어 가시며, 우리의 기도와 소망도 그분의 시간 안에서 이루어지지. 하나님의 시간은 언제나 완벽하고, 우리의 삶에 가장 적합한 때에 하나님께서 이루실 거야. 그렇기 때문에 하나님을 신뢰하고, 그분의 시간 안에서 모든 일이 이루어지기를 기다리는 것이 중요해.

하나님의 시간은 우리의 이해를 넘어서며, 그분의 뜻을 이루기 위한 최고의 때를 선택하시지. 우리는 그분의 시간에 맞추어 신뢰하고 기다리는 법을 배워야 해.

어거스틴은 "하나님은 우리의 기다림을 통해 신뢰를 훈련시키신다. 우리의 시간은 부족할 수 있지만, 하나님의 시간은 결코 부족하

지 않다."라고 말했어. 어거스틴의 말처럼, 하나님의 시간은 우리가 생각하는 것보다 더 완벽하고, 그분은 우리를 신뢰로 훈련시키셔. 우리는 기다림 속에서 하나님을 신뢰하고, 그분이 우리를 위한 최적의 시간을 준비하신다는 믿음을 가져야 해.

본회퍼도 "하나님의 뜻은 우리가 계획한 대로 되지 않더라도, 그분의 뜻이 우리를 위해 가장 좋은 것이다. 우리는 그분의 시간에 맞추어 살아야 한다." 말했어. 본회퍼의 말처럼, 하나님의 뜻은 우리의 계획을 넘어설 때가 많지만, 그 뜻이 가장 선하고 완전해. 우리는 하나님의 시간에 맞추어 신뢰하며 나아가야 해.

시편 27편 14절에서는 "너는 여호와를 기다릴지어다 강하고 담대하며 여호와를 기다릴지어다"라고 말씀하고 있어. 이 구절은 하나님을 기다리는 자에게 강함과 담대함을 주신다는 약속을 담고 있지. 우리는 하나님을 기다리며 그분의 인도하심을 따라 강하게 나아가야 해.

하나님의 시간은 우리의 삶에 절대적인 영향을 미치지. 우리는 그분의 시간에 따라 모든 것을 기다리며, 그분이 이루실 일들을 신뢰하는 마음을 가져야 해. 하나님의 시간은 우리를 가장 잘 아시고, 가장 선한 길로 이끄셔.

하나님의 시간은 우리의 시간보다 더 깊고, 더 넓으며,
그분의 뜻을 이루는 가장 완벽한 시간이다.
- 존 웨슬리 -

은혜의 강

사 66:12 여호와께서 이와 같이 말씀하시되 보라 내가 그에게 평강을 강 같이, 그에게 뭇 나라의 영광을 넘치는 시내 같이 주리니 너희가 그 성읍의 젖을 빨 것이며 너희가 옆에 안기며 그 무릎에서 놀 것이라

하나님의 은혜는 우리의 삶을 지키고, 인도하는 강과 같아. 은혜는 우리가 받기엔 너무 큰 선물이며, 하나님의 사랑과 자비로 우리를 끊임없이 감싸 안으셔. 하나님의 은혜는 우리를 넘어설 수 없는 위기와 어려움 속에서도 지탱해주는 힘이야. 우리가 어려운 상황에 처할 때, 하나님의 은혜는 우리를 지켜주시며 길을 여시고 인도하시지. 그 은혜는 우리가 받을 자격이 없지만, 하나님이 우리의 삶에 부어주시는 무조건적인 사랑이야.

존 웨슬리는 "하나님의 은혜는 우리를 변화시키고, 우리의 마음을 고백과 찬양으로 인도하는 힘이다."라고 말했어. 웨슬리의 말처럼, 하나님의 은혜는 우리의 마음을 새롭게 하고, 그 은혜에 대한 반응으로 우리는 하나님께 찬양과 경배를 드리게 되지. 하나님의 은혜는 우리의 삶에 변화를 가져오고, 우리를 새로운 존재로 만들어.

본회퍼도 "하나님의 은혜는 우리의 삶에 모든 것을 기쁨으로 변화시키고, 그 은혜로 우리는 하나님과 깊은 관계를 맺을 수 있다."라고 말했지. 본회퍼의 말처럼, 하나님의 은혜는 우리의 삶을 풍성하게 하고, 그 은혜를 통해 하나님과의 관계가 더욱 깊어지게 되는 거야. 우리는 하나님의 은혜에 감사하며, 그 은혜를 경험할 때마다 그분과의 관계가 더욱 풍성해지지.

에베소서 2장 8-9절에서는 "너희는 그 은혜에 의하여 믿음으로 말미암아 구원을 받았으니 이것이 너희에게서 난 것이 아니요 하나님의 선물이라 행위에서 난 것이 아니니 이는 누구든지 자랑하지 못하게 함이라"라고 말씀하고 있어. 이 구절은 우리의 구원이 오직 하나님의 은혜로 이루어졌다는 것을 강조해. 우리는 하나님의 은혜로 구원받았으며, 그 은혜는 우리의 노력이나 행위와는 무관하지.

하나님의 은혜는 우리의 삶을 새롭게 하고, 우리가 의지할 수 있는 힘이야. 우리는 그 은혜를 의지하여, 하나님이 주시는 힘으로 살아가야 해. 은혜는 우리의 삶에서 가장 중요한 힘이며, 우리가 살아가는 모든 순간에 그 은혜를 경험할 수 있어.

하나님의 은혜는 우리가 무엇을 해낼 수 있도록 돕는 능력이다.
그 은혜가 없이는 우리는 아무것도 할 수 없다.
― 어거스틴 ―

끝없는 사랑

사 54:10 산들이 떠나며 언덕들은 옮겨질지라도 나의 자비는 네게서 떠나지 아니하며 나의 화평의 언약은 흔들리지 아니하리라 너를 긍휼히 여기시는 여호와께서 말씀하셨느니라

하나님의 사랑은 끝이 없고, 변하지 않는 사랑이야. 우리는 종종 세상의 사랑이 변할 때가 많다는 사실에 실망하기도 해. 그러나 하나님의 사랑은 언제나 변함없고, 우리의 삶 속에서 언제나 존재해. 하나님의 사랑은 우리가 실수하고 넘어졌을 때에도 여전히 우리를 사랑하시며, 끝까지 우리를 놓지 않으시지. 그 사랑은 우리가 그분을 사랑하지 않을 때에도 우리를 향해 계속해서 흐르고 있어. 하나님의 사랑은 한 번 시작되면 끝이 없으며, 그 사랑으로 인해 우리는 날마다 새롭게 시작할 수 있어.

어거스틴은 "하나님의 사랑은 우리가 상상할 수 없을 만큼 크고 깊다. 그 사랑 속에서 우리는 살아가며, 그 사랑을 통해 온전히 변화된다."라고 말했어. 어거스틴의 말처럼, 하나님의 사랑은 우리의 이해를 초월한 크고 깊은 사랑이야. 그 사랑은 우리가 상상할 수 없을 정도로 풍성하며, 그 사랑 속에서 우리는 변화되고 성장해 가지.

본회퍼도 "하나님의 사랑은 우리가 받은 사랑을 다른 사람에게 전할 때 가장 아름답게 나타난다."라고 말했지. 본회퍼의 말처럼, 하나님의 사랑은 우리가 이웃을 사랑할 때 그 사랑이 완성되는 거야. 우리는 그 사랑을 이웃에게 전하며, 하나님의 사랑을 더욱 깊이 경험할 수 있어.

로마서 8장 38-39절에서는 "내가 확신하노니 사망이나 생명이나 천사들이나 권세자들이나 현재 일이나 장래 일이나 능력이나 높음이나 깊음이나 다른 어떤 피조물이라도 우리를 우리 주 그리스도 예수 안에 있는 하나님의 사랑에서 끊을 수 없으리라"라고 말씀하고 있어. 이 구절은 하나님의 사랑이 결코 끊어지지 않음을 확신하는 말씀이야. 하나님의 사랑은 우리를 어떤 상황에서도 절대로 떠나지 않으며, 그 사랑으로 우리는 항상 보호받고 인도받아.

하나님의 사랑은 우리가 경험할 수 있는 가장 큰 사랑이야. 그 사랑은 우리의 마음과 삶을 변화시키고, 그 사랑을 나눔으로써 세상에 하나님의 사랑을 전하는 삶을 살아갈 수 있게 해. 우리는 이 끝없는 사랑 속에서 새로운 힘과 소망을 얻고, 그 사랑을 세상에 나누어야 해.

하나님의 사랑은 끝없이 넓고 깊다. 이 사랑은
우리가 이 세상에서 겪는 모든 고난을 이겨낼 수 있는 힘을 준다.
– 존 웨슬리 –

믿음의 발자취

미 7:7 오직 나는 여호와를 우러러보며 나를 구원하시는 하나님을 바라보나니 나의 하나님이 나에게 귀를 기울이시리로다

믿음은 우리의 삶을 이끌어가는 길잡이야. 하나님께서 주신 믿음은 우리가 삶의 여정을 걸어가며 점점 더 깊어지고, 강해지지. 우리의 믿음은 하나님을 향한 신뢰와 순종으로 뿌리를 내리며, 그 믿음의 발자취를 따라가다 보면, 우리는 하나님의 뜻을 더 잘 알게 돼. 믿음은 단순한 생각이나 감정이 아니라, 우리 삶의 실제적인 변화로 나타나야 해. 믿음이 우리의 발걸음을 이끌며 우리는 그 믿음을 바탕으로 하나님께서 준비하신 길을 따라가게 되지.

존 웨슬리는 "믿음은 하나님과의 관계에서 가장 중요한 열쇠이다. 그 믿음으로 우리는 하나님과의 교제를 유지하고, 그분의 뜻을 이루어 나간다."라고 말했어. 웨슬리의 말처럼, 믿음은 하나님과의 관계를 더욱 깊게 하고, 우리의 삶을 그분의 뜻에 맞게 이끌지. 믿음이 없이는 우리는 하나님과 진정한 관계를 맺을 수 없으며, 그분의 인도를 받기 어려워.

어거스틴도 "믿음은 우리가 하나님의 뜻을 믿고 순종할 때, 그 뜻

이 우리의 삶에 이루어지도록 하는 힘이다."라고 말했지. 어거스틴의 말처럼, 믿음은 하나님의 뜻을 믿고 순종하는 행동으로 나타나야 해. 그 믿음이 우리 삶에서 실제로 이루어지면, 하나님께서 우리의 삶을 인도하시고, 그분의 계획이 성취되는 거야.

믿음은 머리로 아는 것이 아니라, 우리의 삶에서 실천되어야 해. 그 믿음이 실천될 때, 우리는 하나님을 진정으로 신뢰하게 되며, 그분의 뜻을 이루는 삶을 살아가는 거야.

히브리서 11장 1절에서는 "믿음은 바라는 것들의 실상이요 보이지 않는 것들의 증거니"라고 말씀하고 있어. 이 구절은 믿음이 우리가 보지 못하는 것들을 믿을 수 있는 능력을 준다는 의미야. 믿음은 우리가 눈으로 볼 수 없는 하나님의 계획과 약속을 신뢰하고, 그 약속을 믿는 힘이 돼.

믿음은 우리를 하나님의 뜻과 계획으로 이끄는 중요한 요소야. 그 믿음은 하나님의 은혜와 사랑을 경험하는 데 필수적인 조건이며, 우리가 믿음으로 하나님을 따를 때, 그분은 우리를 인도하시고 우리의 삶을 변화시키시지. 믿음으로 우리의 걸음걸이를 바꾸고, 하나님을 향해 나아가는 발걸음이 되어야 해.

믿음은 단순히 머리로 아는 것이 아니다. 믿음은 삶으로 실천되어야 하며,
그 실천을 통해 하나님을 온전히 신뢰하는 것이다.
— 본회퍼 —

은혜의 능력

히 8:12   내가 그들의 불의를 긍휼히 여기고 그들의 죄를 다시 기억하지 아니하리라 하셨느니라

하나님의 은혜는 우리를 변화시키는 능력이야. 우리는 죄로 인해 하나님과의 관계가 끊어졌고, 그로 인해 끊임없이 죄에 빠지게 되었지. 그러나 하나님은 우리를 향한 끝없는 은혜로 그 관계를 회복시키셨어. 그 은혜는 우리의 죄를 용서하고, 다시는 기억하지 않으시며, 우리를 새롭게 만드셨어.

하나님의 은혜는 우리가 마땅히 받아야 할 형벌을 대신해 예수님이 대신 받으셨기에, 우리는 구원과 자유를 얻게 되었어. 하나님의 은혜는 단순히 우리가 죄를 용서받는 차원을 넘어서, 우리의 삶을 새로운 방향으로 이끌어가는 능력이지.

존 웨슬리는 "하나님의 은혜는 우리가 경험할 수 있는 가장 큰 선물이며, 그 은혜로 우리는 죄에서 벗어나 새로운 삶을 시작할 수 있다."라고 말했어. 웨슬리의 말처럼, 하나님의 은혜는 우리가 받을 자격이 없지만, 그분이 자비로 베풀어주신 선물이지. 이 은혜로 인해

우리는 죄에서 벗어나 새로운 삶을 살 수 있는 기회를 얻는 거야.

어거스틴도 "하나님의 은혜는 우리가 자력으로 구원할 수 없음을 깨닫고, 오직 그분의 사랑으로 우리가 구원받을 수 있음을 알게 한다." 이렇게 말했어. 어거스틴의 말처럼, 하나님의 은혜는 우리가 스스로 구원할 수 없음을 깨닫게 하고, 그 은혜를 통해 구원의 길이 열리지. 그 은혜가 우리의 마음을 변화시키고, 하나님의 뜻을 따라 살아가게 만들어.

하나님의 은혜는 우리가 이해할 수 없는 크기와 깊이를 지닌 은혜야. 그 은혜를 받아들일 때, 우리의 삶은 완전히 새로워지며, 하나님의 계획에 맞게 변화되는 거야.

에베소서 2장 8-9절에서는 "너희는 그 은혜에 의하여 믿음으로 말미암아 구원을 받았으니 이것은 너희에게서 난 것이 아니요 하나님의 선물이라 행위에서 난 것이 아니니 이는 누구든지 자랑하지 못하게 함이라"라고 말씀하셨어. 이 구절은 구원이 은혜에 의해 이루어졌으며, 그 은혜는 우리가 자랑할 것이 아닌 하나님의 선물임을 강조해. 우리는 그 은혜를 받아들일 뿐, 그것이 우리에게서 비롯된 것이 아니라 하나님께서 주신 선물임을 깨달아야 해.

하나님의 은혜는 우리의 삶에서 일어나는 모든 변화의 근본적인 원동력이야. 그 은혜는 우리가 죄로부터 구원받고, 하나님의 뜻을 따르며 살아갈 수 있게 하지. 하나님의 은혜로 우리는 매일 새로운 힘과 용기를 얻고, 그 은혜를 다른 사람들에게 전할 수 있는 사명을 받은 거야.

하나님의 은혜는 우리가 이해할 수 없을 만큼 깊고 넓다. 이 은혜를
받아들이는 순간, 우리의 삶은 완전히 변화된다.
- 본회퍼 -

진정한 자유

요 8:36 그러므로 아들이 너희를 자유롭게 하면 너희가 참으로 자유로우리라

진정한 자유는 세상의 규범이나 법으로부터 해방되는 것이 아니야. 세상의 자유는 물리적인 속박에서 벗어나는 것에 그칠 수 있어. 그러나 진정한 자유는 우리가 죄와 두려움에서 해방되어 하나님 안에서 온전한 평안을 누리는 거야. 예수 그리스도께서 우리를 자유롭게 하셨다는 말씀은, 우리의 영혼과 마음이 그분 안에서 진정으로 자유를 얻는다는 의미지.

진정한 자유는 하나님과의 관계 안에서만 찾을 수 있으며, 그 자유는 내적인 변화와 평안에서 비롯되는 거야. 예수님은 우리에게 참된 자유를 주셨고, 그 자유는 우리가 죄에서 벗어나 하나님과 올바른 관계를 맺을 수 있게 해.

어거스틴은 "진정한 자유는 하나님을 섬기고 그분의 뜻을 따를 때 비로소 이루어지며, 그 자유 안에서 우리는 삶의 참된 목적을 발견한다."라고 말했어. 어거스틴의 말처럼, 우리는 하나님 안에서만 진정한 자유를 찾을 수 있으며, 그 자유 안에서 우리의 삶의 참된 의미와 목적을 발견하게 되는 거야.

본회퍼도 "자유는 우리가 하나님께 의지하고 그분의 뜻에 따라 살 때 얻게 되는 선물이다. 그 자유는 아무도 빼앗을 수 없다." 이렇게 말했어. 본회퍼의 말처럼, 진정한 자유는 하나님 안에서만 누릴 수 있는 선물이야. 세상은 우리에게 자유를 빼앗을 수 있지만, 하나님께서 주신 자유는 누구도 빼앗을 수 없으며, 그 자유는 우리를 진정으로 해방시키지.

갈라디아서 5장 1절에서는 "그리스도께서 우리를 자유롭게 하려고 자유를 주셨으니 그러므로 굳건하게 서서 다시는 종의 멍에를 매지 말라"라고 말씀하셨어. 이 구절은 그리스도가 우리에게 주신 자유가 얼마나 소중하고, 그 자유를 놓치지 않도록 항상 굳건히 서 있어야 함을 경고하고 있어. 우리는 그리스도의 자유 안에서 살기 위해, 계속해서 하나님의 뜻을 따르며 자유를 지켜나가야 해.

진정한 자유는 우리의 마음과 영혼이 하나님 안에서 평안을 찾고, 죄에서 벗어나 자유롭게 살아가는 거야. 그 자유는 우리가 하나님과의 관계에서 얻는 선물이며, 그 선물은 우리에게 영원한 생명과 평안을 보장해주지. 그리스도께서 주신 자유는 우리가 세상의 유혹과 죄에서 벗어나, 하나님 안에서 새로운 삶을 살아갈 수 있게 해줘.

진정한 자유는 우리가 하나님의 뜻에 순종할 때 발견된다. 세상의 자유는 일시적이지만, 하나님의 자유는 영원하다.
— 존 웨슬리 —

너는 내 기쁨

항상 기뻐하라 쉬지말고 기도하라 범사에 감사하라
이것이 그리스도 예수 안에서 너희를 향하신
하나님 뜻이니라
데살로니가전서 5장 16~18절

사랑의 본질

고전 13:4 사랑은 오래 참고 사랑은 온유하며 시기하지 아니하며 사랑은 자랑하지 아니하며 교만하지 아니하며

하나님은 사랑 그 자체이시지. 우리가 사랑을 이해하려면, 하나님의 사랑을 깊이 알아야 해. 그 사랑은 언제나 참되며, 결코 변하지 않으며, 우리를 끝까지 사랑하시지. 사랑은 단순히 감정이나 행동의 표현이 아니라, 하나님이 우리에게 주신 가장 큰 선물이며, 그 사랑을 통해 우리는 서로를 이해하고, 용서하고, 나누는 법을 배우게 되지.

성경은 사랑을 우리 삶의 가장 중요한 원칙으로 제시하며, 사랑이 없으면 모든 것이 무의미해짐을 경고하고 있어. 고린도전서 13장의 사랑의 정의는 우리가 진정으로 살아가는 데 필요한 지침서이며, 사랑이 얼마나 중요한지 다시 한번 일깨워주고 있어.

존 웨슬리는 "하나님의 사랑은 우리의 마음을 변화시키며, 그 사랑이 우리의 삶의 중심이 될 때, 우리는 참된 기쁨과 평안을 경험할 수 있다."라고 말했어. 웨슬리의 말처럼, 하나님의 사랑은 우리의 삶을 변화시키며, 그 사랑이 우리의 중심이 될 때, 우리는 진정한 기쁨

과 평안을 누릴 수 있어. 하나님의 사랑은 우리를 겸손하게 만들며, 서로를 사랑하고 섬길 수 있는 힘을 주시지.

어거스틴도 "하나님의 사랑은 우리가 이해할 수 없을 만큼 깊고 넓다. 그 사랑을 통해 우리는 세상의 모든 고통을 극복할 수 있다." 이렇게 말했어. 어거스틴의 말처럼, 하나님의 사랑은 우리의 이해를 넘는 깊이를 지닌 사랑이며, 그 사랑이 우리를 고통과 어려움에서 구해주지. 그 사랑은 우리가 상상할 수 있는 어떤 사랑보다도 위대하고 강력해.

하나님의 사랑은 우리에게 사랑을 실천할 수 있는 능력을 주며, 그 사랑을 나누는 것이 우리의 인생의 사명이야. 우리는 하나님께 받은 사랑을 세상에 나누며, 그 사랑으로 세상을 변화시킬 수 있어.

요한일서 4장 9-10절에서는 "하나님이 그 아들을 세상에 보내신 것은 우리를 살리려 하심이니, 이는 사랑을 우리에게 나타내신 것이니라."라고 말씀하고 있어. 이 구절은 하나님의 사랑이 예수님을 통해 세상에 나타났으며, 그 사랑은 우리를 살리기 위한 목적이었음을 말하고 있어. 하나님은 우리를 사랑하시기 때문에, 그 아들을 보내셔서 우리의 구원을 이루어주셨지.

사랑은 하나님의 본성과 가장 밀접하게 연결된 개념이야. 우리가 진정으로 사랑하려면 하나님의 사랑을 먼저 받으며, 그 사랑을 다른 사람들에게 나누는 삶을 살아가야 해. 사랑은 하나님이 우리에게 베푸신 가장 큰 선물이며, 우리는 그 사랑을 통해 세상을 변화시킬 수 있어.

하나님의 사랑은 우리가 사랑할 수 있는 능력을 부여하며,
그 사랑을 실천하는 것이 우리의 사명이다.
― 본회퍼 ―

기도의 표본

마 6:9-10 그러므로 너희는 이렇게 기도하라 하늘에 계신 우리 아버지여 이름이 거룩히 여김을 받으시오며 나라가 임하시오며 뜻이 하늘에서 이루어진 것 같이 땅에서도 이루어지이다

기도는 하나님과의 소통의 가장 중요한 수단이지. 기도를 통해 우리는 하나님과 직접적으로 대면하고, 우리의 마음을 그분께 아뢰며, 하나님의 뜻을 구하고, 그 뜻에 순종하려는 마음을 다짐할 수 있어. 기도는 단순히 우리의 욕구를 하나님께 전달하는 것만이 아니야. 기도는 우리가 하나님과 깊은 관계를 맺고, 그분의 뜻을 배우며, 그 뜻을 우리의 삶에 적용하려는 노력인 거야.

하나님께서는 우리의 기도를 들으시며, 우리의 필요와 소원을 아시지만, 기도는 그분과의 교제를 위한 중요한 수단이야. 마태복음 6장의 주기도문은 기도의 진정한 본질을 보여주고 있어. "하늘에 계신 우리 아버지여"라는 인사로 시작하여, 하나님의 이름을 거룩히 여기는 것과 하나님의 뜻이 이루어지기를 구하는 기도는 우리가 기도할 때 가장 먼저 염두에 두어야 할 요소들이야.

기도는 우리가 하나님과의 관계를 심화시키고, 그분의 뜻을 알게 되는 중요한 통로지. 기도를 통해 우리는 하나님의 음성을 듣고, 그분의 인도하심을 따를 수 있게 거야.

어거스틴은 "기도는 하나님과의 대화이며, 그 대화 속에서 우리는 우리 자신을 정화하고, 하나님의 뜻을 분별할 수 있다."라고 말했어. 어거스틴의 말처럼, 기도는 단지 우리 마음을 나누는 것이 아니라, 그 속에서 우리가 하나님과의 관계를 새롭게 하고, 우리의 마음이 정화되는 과정이야. 기도를 통해 우리는 하나님의 뜻을 분별하고, 그 뜻을 우리의 삶에 반영할 수 있게 되지는 거야.

본회퍼도 "기도는 우리가 하나님의 뜻을 구하는 일이지만, 동시에 하나님의 뜻에 우리가 온전히 순종하게 되는 과정이다." 이렇게 말했어. 본회퍼의 말처럼, 기도는 단순히 우리의 소원을 아뢰는 것에 그치지 않고, 우리가 하나님의 뜻을 찾고, 그 뜻에 따라 살아가는 삶을 준비하는 과정이야. 기도는 우리의 삶을 하나님의 뜻에 맞추는 힘이 되지.

빌립보서 4장 6-7절에서는 "아무 것도 염려하지 말고 다만 모든 일에 기도와 간구로, 너희 구할 것을 감사함으로 하나님께 아뢰라 그리하면 모든 지각에 뛰어난 하나님의 평강이 그리스도 예수 안에서 너희 마음과 생각을 지키시리라"라고 말씀하고 있어. 이 구절은 기도를 통해 하나님께 우리의 염려를 맡길 때, 하나님께서 우리의 마음과 생각을 평강으로 지켜주신다는 약속을 담고 있어. 기도는 우리의 염려를 하나님께 맡기고, 그분의 평안을 받는 과정이야.

기도는 하나님과 깊은 관계를 맺는 통로이며, 우리는 기도를 통해 하나님의 뜻을 구하고, 그 뜻에 따라 살아가게 되는 거야. 기도는 우리의 마음을 하나님께 아뢰고, 그분의 평안을 누리는 중요한 수단이야. 우리는 기도를 통해 하나님과의 교제를 깊이하고, 그 속에서 우리의 삶을 변화시킬 수 있는 힘을 얻을 수 있어.

기도는 하나님께서 우리의 삶을 인도하시는 도구이며,
기도를 통해 우리는 하나님과의 관계를 더욱 깊게 할 수 있다.
— 존 웨슬리 —

하나님의 인도하심 1

시 25:4 여호와여 주의 도를 내게 보이시고 주의 길을 내게 가르치소서

하나님은 우리의 삶을 인도하시며, 우리의 길을 밝혀주셔. 우리는 종종 인생의 길을 선택할 때 혼자서 힘겹게 헤매기도 하지만, 하나님은 언제나 우리를 인도하시고, 우리가 가야 할 길을 알려주셔. 하나님의 인도하심을 믿고 따르는 사람은 어두운 길을 밝히는 빛을 얻고, 자신이 나아갈 방향을 명확히 알게 되지.

하나님의 뜻을 구하며, 그 뜻을 따라가는 삶은 때로 고난이 있을 수 있지만, 그 길에서 우리는 하나님과 더욱 가까워지고, 그분의 뜻을 이루어가는 기쁨을 누리게 돼. 하나님은 우리가 어떤 상황에 처하든, 우리가 그분을 의지하고 신뢰할 때, 우리의 길을 인도하시며, 우리가 가야 할 길을 분명하게 보여주시지.

존 웨슬리는 "하나님은 우리의 삶에서 일하실 준비가 되어 있으시며, 우리가 그분을 신뢰하고 따라갈 때, 그분은 우리의 길을 인도하시고, 우리가 가야 할 길을 분명히 보여주실 것이다."라고 말했어. 웨슬리의 말처럼, 하나님은 우리가 그분을 신뢰할 때, 우리의 길을

인도하시며, 그분의 뜻을 따라가는 삶에서 우리는 풍성한 은혜를 경험하게 되는 거야.

본회퍼도 "하나님은 우리를 인도하시기 위해 그분의 말씀과 성령을 보내셨으며, 우리는 그 인도하심을 따라가야 한다."라고 말했어. 본회퍼의 말처럼, 하나님은 우리를 인도하기 위해 성령을 보내셨고, 우리는 그 성령의 인도하심을 따라가며 하나님의 뜻을 이루는 삶을 살아야 해.

이사야 30장 21절에서는 "너희가 오른쪽으로 치우치든지 왼쪽으로 치우치든지 네 뒤에서 말소리가 네 귀에 들려 이르기를 이것이 바른 길이니 너희는 이리로 가라 할 것이며"라고 말씀하고 있어. 이 구절은 하나님의 인도하심을 받는 자에게 그분이 길을 명확히 가르쳐 주신다는 약속을 담고 있어. 하나님은 우리가 갈 길을 인도하시고, 그 길을 명확하게 알려주시지.

하나님의 인도하심은 우리에게 길을 밝혀주는 빛이 돼. 우리는 그분의 뜻을 구하며, 그분의 인도하심을 따라가는 삶을 살아가야 해. 하나님의 인도하심을 신뢰하고 따를 때, 우리의 삶은 방향을 잃지 않고, 그분의 뜻을 이루어가는 길로 나아가게 되는 거야.

하나님의 뜻을 따르는 삶은 항상 쉬운 길이 아니지만,
그 길에서 우리는 하나님과의 깊은 교제를 경험하며,
궁극적으로 하나님의 영광을 드러내게 된다.
― 어거스틴 ―

감사의 마음

살전 5:18 범사에 감사하라 이것이 그리스도 예수 안에서 너희를 향하신 하나님의 뜻이니라

감사는 우리의 삶을 변화시키는 강력한 힘이지. 우리는 일상 속에서 많은 것을 당연하게 여기는 경우가 많지만, 감사하는 마음을 가지고 살 때, 하나님의 은혜와 축복을 더 깊이 느낄 수 있어. 감사는 하나님께서 우리에게 주신 모든 것에 대한 깊은 인식과 응답이야. 우리가 감사할 때, 하나님의 뜻을 구하는 마음을 담고, 그분의 사랑을 더욱 경험하게 되지. 감사하는 마음은 우리의 영혼을 풍성하게 하고, 하나님께서 우리에게 주신 선물들을 더욱 귀하게 여길 수 있게 만들어.

존 웨슬리는 "감사는 하나님과의 관계에서 우리의 마음을 깨끗하게 하고, 우리가 받은 은혜에 대해 응답하는 중요한 태도이다."라고 말했어. 웨슬리의 말처럼, 감사는 하나님과의 관계를 더욱 깊게 하고, 우리가 하나님의 은혜를 올바르게 인식하게 만드는 열쇠야. 감사의 마음을 품을 때, 우리는 하나님께서 주신 축복을 더 명확하게 볼 수 있어.

본회퍼도 "감사는 우리가 하나님께서 주신 모든 것에 대한 반응이며, 그 감사를 통해 우리는 하나님의 뜻을 살아가게 된다."라고 말했어. 본회퍼의 말처럼, 감사는 단순히 입으로 표현하는 것이 아니라, 우리의 삶을 통해 하나님께 감사하는 실천이 되어야 해. 감사는 하나님께 대한 믿음의 표현이며, 우리의 삶을 통해 그분의 뜻을 이뤄가는 중요한 수단이야.

시편 100편 4절에서는 "감사함으로 그의 문에 들어가며 찬송함으로 그의 궁정에 들어가서 그에게 감사하며 그의 이름을 송축할지어다"라고 말씀하셨어. 이 구절은 감사함으로 하나님께 나아가며, 그분의 이름을 송축해야 한다는 중요한 교훈을 주지. 감사는 우리가 하나님께 가까이 나아가는 길을 열어주고, 그분과의 교제를 더욱 깊게 만들어.

감사는 우리의 삶을 변화시키는 중요한 힘이야. 감사하는 마음을 품을 때, 우리는 하나님의 은혜와 축복을 더 깊이 인식하게 되고, 하나님에 대한 신뢰와 사랑을 더욱 확고히 할 수 있어. 감사는 우리를 하나님께로 이끄는 길이며, 그분과의 관계를 더욱 깊게 만드는 중요한 열쇠야.

감사는 우리가 가진 모든 것이 하나님께서 주신 선물임을
인식하는 것이다. 그것은 우리의 마음을
하나님께로 이끌어 가는 힘이다.
- 어거스틴 -

사랑의 힘

마 22:39 네 이웃을 네 자신 같이 사랑하라

사랑은 기독교 신앙의 핵심이야. 예수님께서는 우리에게 이웃을 자신처럼 사랑하라고 하셨어. 이 말씀은 단순한 감정의 표현이 아니라, 실천적인 사랑을 요구하는 거야. 사랑은 행동으로 나타나야 해. 진정한 사랑은 자비와 친절을 베풀며, 다른 사람의 아픔에 함께하는 것이야. 그리스도인의 사랑은 희생적이고, 무조건적이며, 인내하는 사랑이야. 우리는 사랑을 통해 하나님의 사랑을 세상에 전하고, 이웃과의 관계에서 그리스도의 사랑을 실천해야 해.

존 웨슬리는 "하나님의 사랑을 받은 사람은 반드시 이웃에게 사랑을 나누어야 한다. 사랑은 단순히 말로 끝나는 것이 아니라, 행동으로 나타나야 한다."라고 말했어. 웨슬리의 말처럼, 하나님의 사랑을 경험한 사람은 그 사랑을 다른 이들과 나누는 삶을 살아야 해. 우리는 사랑을 실천함으로써 그리스도를 닮아가며, 하나님의 뜻을 이루는 삶을 살아갈 수 있어.

어거스틴도 "사랑은 모든 계명의 기초이며, 우리가 사랑할 때 하

나님과 이웃을 기쁘게 하는 것이다." 이렇게 말했어. 어거스틴의 말처럼, 사랑은 모든 계명의 기초이며, 우리가 사랑을 실천할 때 하나님께서 기뻐하시고, 우리의 삶이 변화되는 거야.

사랑은 그리스도인의 삶을 구별 짓는 중요한 요소이고, 우리가 사랑을 실천할 때, 세상이 변화하는 것을 경험할 수 있어.

요한복음 13장 34-35절에서는 "새 계명을 너희에게 주노니 서로 사랑하라 내가 너희를 사랑한 것 같이 너희도 서로 사랑하라 너희가 서로 사랑하면 이로써 모든 사람이 너희가 내 제자인 줄 알리라"라고 말씀하고 있어. 이 구절은 사랑이 우리를 그리스도의 제자로 구별 짓는 중요한 표징임을 강조하고 있지. 우리의 사랑이 그리스도를 반영하며, 세상에 하나님의 사랑을 전하는 역할을 하는 거야.

사랑은 그리스도인의 삶을 정의하는 중요한 요소야. 우리는 사랑을 실천함으로써 하나님의 뜻을 이루지. 사랑은 우리의 삶을 변화시키며, 세상에서 하나님의 영광을 드러내는 중요한 방법이야. 하나님께서 우리를 사랑하신 것처럼, 우리는 이웃을 사랑하며, 그 사랑을 실천하는 삶을 살아가야 해.

------ • ✦ • ------

사랑은 그리스도인의 삶에서 가장 중요한 덕목이며,
우리는 그 사랑을 통해 세상을 변화시킬 수 있다.
− 본회퍼 −

기도의 힘

눅 18:1 예수께서 그들에게 항상 기도하고 낙심하지 말아야 할 것을 비유로 말씀하여

    기도는 그리스도인의 삶에서 매우 중요한 역할을 해. 기도는 하나님과의 소통이며, 우리가 하나님 앞에 우리의 마음을 올려드리는 시간이기도 하지. 기도는 단순히 우리의 요청을 드리는 시간이 아니라, 하나님과의 관계를 깊이 있고 지속적으로 유지하는 시간이야. 기도를 통해 우리는 하나님께 가까워지며, 그분의 뜻을 더 잘 이해하고 따를 수 있게 되는 거야. 기도는 또한 하나님의 임재를 경험하고, 우리의 믿음을 더욱 강화시키는 중요한 도구이지. 기도는 우리가 낙심하지 않고 하나님의 도우심을 구할 수 있는 유일한 길이야.

    존 웨슬리는 "하나님과의 교제를 통해 우리는 날마다 그분의 뜻을 더 잘 알게 된다. 기도는 그 교제를 이루는 중요한 수단이다."라고 말했어. 웨슬리의 말처럼, 기도는 우리가 하나님과 친밀한 관계를 유지하는 중요한 수단이지. 우리는 기도를 통해 하나님께 나아가며, 그분과의 관계를 더욱 깊이 할 수 있어.

어거스틴도 "기도는 하나님의 뜻을 깨닫는 길이며, 우리의 마음을 하나님께 온전히 열어드리는 시간이다." 이렇게 말했어. 어거스틴의 말처럼, 기도는 하나님의 뜻을 깨닫고, 우리의 마음을 하나님께 드리는 시간이지. 우리는 기도를 통해 하나님께 우리의 삶을 맡기고, 그분의 뜻에 순종할 수 있게 되는 거야.

빌립보서 4장 6-7절에서는 "아무 것도 염려하지 말고 다만 모든 일에 기도와 간구로, 너희 구할 것을 감사함으로 하나님께 아뢰라 그리하면 모든 지각에 뛰어난 하나님의 평강이 그리스도 예수 안에서 너희 마음과 생각을 지키시리라"라고 말씀하고 있어. 이 구절은 기도가 우리의 염려를 하나님께 맡기게 하며, 그분의 평강을 경험하게 한다는 중요한 교훈을 주지. 기도를 통해 우리는 하나님의 평강을 누리며, 우리의 삶에서 그분의 인도를 더욱 분명히 경험할 수 있어.

기도는 그리스도인의 삶에서 매우 중요한 요소야. 기도를 통해 우리는 하나님과의 관계를 더욱 깊게 하고, 그분의 뜻을 더 잘 이해할 수 있어. 기도는 우리의 염려를 하나님께 맡기며, 그분의 평강을 경험하는 중요한 시간이야. 기도를 통해 우리는 하나님과의 교제를 나누며, 우리의 믿음이 더욱 강해지는 기회를 갖게 되는 거야.

기도는 단순히 우리의 요청을 하나님께 올리는 것이 아니,
그분의 뜻에 온전히 순종하려는 마음을 담는 것이다.
- 본회퍼 -

감사가 항상 있는 삶

살전 5:18 범사에 감사하라 이것이 그리스도 예수 안에서 너희를 향하신 하나님의 뜻이니라

감사는 그리스도인의 삶에서 중요한 역할을 해. 우리는 삶의 모든 순간에서 감사의 마음을 가지는 것이 중요하지. 감사는 우리의 마음을 하나님께 집중하게 하며, 그분의 은혜와 사랑을 깨닫게 해. 그리스도인은 어려운 상황 속에서도 감사할 수 있는 힘을 하나님께서 주시지. 감사는 하나님께서 우리에게 주신 모든 것에 대해 감사하는 마음을 갖는 거야. 그 감사는 우리 삶에서 하나님께 영광을 돌리는 중요한 방법이지. 감사의 삶은 하나님과의 관계를 더욱 깊게 하며, 하나님의 뜻을 이루는 삶으로 이끌지.

어거스틴은 "감사는 우리에게 하나님과의 친밀한 관계를 더욱 깊게 한다. 그분의 은혜를 인정하는 마음은 우리의 믿음을 더욱 견고하게 만든다."라고 말했어. 어거스틴의 말처럼, 감사는 우리가 하나님의 은혜를 깨닫고, 그분과의 관계를 더욱 깊게 하는 중요한 요소야. 우리는 감사하는 마음을 통해 믿음을 더욱 견고하게 할 수 있어.

본회퍼도 "감사는 단순히 입술로 하는 말이 아니라, 우리의 삶 전체에서 하나님께 드리는 감사의 표현이다." 이렇게 말했어. 본회퍼의 말처럼, 감사는 우리의 삶의 전반에서 하나님께 드려야 하는 중요한 표현이야. 우리는 삶 속에서 하나님께 감사하며, 그분의 뜻을 이루는 삶을 살아야 해.

시편 100편 4절에서는 "감사함으로 그의 문에 들어가며 찬송함으로 그의 궁정에 들어가서 그에게 감사하며 그의 이름을 송축할지어다"라고 말씀하고 있어. 이 구절은 우리가 하나님께 감사할 때 그분의 임재에 들어가고, 그분을 찬송하며 나아갈 수 있다는 사실을 알려주지. 감사는 하나님께로 나아가는 열쇠이며, 그분의 임재 안에서 우리의 마음이 채워지게 돼.

감사는 그리스도인의 삶을 정의하는 중요한 요소야. 우리는 감사를 통해 하나님께 영광을 돌리고, 그분의 은혜를 인정하는 삶을 살아야 해. 감사는 우리의 믿음을 더욱 견고하게 하며, 하나님과의 관계를 더욱 깊게 해. 우리의 삶 속에서 하나님의 은혜에 감사하는 마음을 갖는 것은 그분의 뜻을 이루는 중요한 방법이지.

감사는 신앙의 본질이며, 감사하는 마음을 갖는 것은 하나님께서
우리에게 주신 은혜를 인정하는 것이다.
− 존 웨슬리 −

은혜의 힘

엡 2:8 너희는 그 은혜에 의하여 믿음으로 말미암아 구원을 받았으니 이것은 너희에게서 난 것이 아니요 하나님의 선물이라

하나님의 은혜는 그리스도인의 삶에서 가장 중요한 기초야. 우리는 하나님의 은혜 없이 살아갈 수 없으며, 하나님의 은혜는 우리의 구원의 근원이 되지. 하나님의 은혜는 우리의 삶을 변화시키며, 우리가 그 은혜를 깨닫고 그 은혜로 살아갈 때, 진정한 변화가 일어나지. 하나님의 은혜는 우리가 무엇을 했다고 해서 받을 수 있는 것이 아니라, 하나님께서 우리에게 무조건 주신 선물이야. 그 은혜는 우리가 스스로 할 수 없는 것들을 가능하게 하며, 우리의 연약함을 덮어주고 하나님의 능력으로 우리를 변화시키시지.

어거스틴은 "하나님의 은혜는 우리의 마음을 열어, 우리가 하나님께 나아갈 수 있도록 돕는다."라고 말했어. 어거스틴의 말처럼, 하나님의 은혜는 우리가 하나님과의 관계를 맺을 수 있게 하는 중요한 열쇠지. 우리는 하나님의 은혜를 깨닫고, 그 은혜에 의지하여 하나님께 나아갈 수 있어.

본회퍼도 "은혜는 우리가 받아야 하는 것이 아니라, 우리가 하나님의 뜻에 따라 살아갈 때 그 은혜를 통해 완전한 삶을 살아갈 수 있게 한다." 이렇게 말했어. 본회퍼의 말처럼, 하나님의 은혜는 우리가 하나님께 순종하고 그분의 뜻을 따를 때 더 깊게 경험하는 거야. 우리는 하나님의 은혜에 감사하며, 그 은혜를 통해 우리의 삶을 변화시키는 능력을 받아.

디도서 2장 11-12절에서는 "모든 사람에게 구원을 주시는 하나님의 은혜가 나타나 우리를 양육하시되 경건하지 않은 것과 이 세상 정욕을 다 버리고 신중함과 의로움과 경건함으로 이 세상에 살고"라고 말씀하고 있어. 이 구절은 하나님의 은혜가 우리를 구원할 뿐만 아니라, 그 은혜가 우리의 삶을 변화시키고 의로운 삶을 살도록 인도한다는 중요한 교훈을 주지. 하나님의 은혜는 우리의 삶을 거룩하고 의롭게 만드는 능력이야.

하나님의 은혜는 그리스도인의 삶에서 가장 중요한 요소야. 우리는 하나님의 은혜를 통해 구원을 받았고, 그 은혜는 우리의 삶을 변화시키는 중요한 힘이지. 하나님의 은혜를 깨닫고 그것에 감사하는 마음을 가질 때, 우리는 하나님의 뜻을 더 잘 따를 수 있게 되는 거야. 하나님의 은혜는 우리의 연약함을 덮어주고, 우리를 변화시키는 능력을 주는 중요한 선물이야.

> 은혜는 하나님의 능력과 사랑이 우리에게 미치는 가장 강력한 방식이다. 그 은혜는 우리의 삶을 완전히 변화시킨다.
> — 존 웨슬리 —

하나님의 참사랑

요일 4:8 사랑하지 아니하는 자는 하나님을 알지 못하나니 이는 하나님은 사랑이심이라

하나님의 사랑은 우리가 이해할 수 없는 크기와 깊이를 가지고 있어. 하나님은 우리의 연약함과 죄에도 불구하고, 우리를 사랑하시며, 그 사랑은 끝이 없어. 하나님의 사랑은 우리가 받은 사랑 중 가장 크고, 가장 완전한 사랑이야. 그 사랑은 우리가 자격이 없더라도 주어지며, 우리를 변화시키는 능력이 돼. 하나님의 사랑을 깨달을 때, 우리는 진정으로 하나님을 사랑하고, 이웃을 사랑하는 법을 배우게 되지. 하나님은 우리를 사랑하시기에, 우리가 어떻게 되든 그 사랑을 멈추지 않으셔. 그것이 참사랑이야.

어거스틴은 "하나님의 사랑은 우리의 마음을 깊이 움직여, 우리가 하나님을 더 사랑할 수 있게 만든다."라고 말했어. 어거스틴의 말처럼, 하나님의 사랑은 우리가 하나님과의 관계에서 더 깊은 사랑을 품게 하지. 우리는 하나님의 사랑을 깨닫고, 그 사랑을 따라 살아갈 때, 우리의 삶이 변화하게 되는 거야.

본회퍼도 "하나님의 사랑은 우리가 하나님을 향해 나아가게 하며, 그 사랑은 우리의 삶을 완전히 변화시킨다." 이렇게 말했어. 본회퍼의 말처럼, 하나님의 사랑은 우리를 하나님께로 이끄는 가장 큰 힘이지. 우리는 하나님의 사랑을 깨닫고, 그 사랑에 응답하며 하나님과의 관계를 더욱 깊게 해.

로마서 8장 38-39절에서는 "내가 확신하노니 사망이나 생명이나 천사들이나 권세자들이나 현재 일이나 장래 일이나 능력이나 높음이나 깊음이나 다른 어떤 피조물이라도 우리를 우리 주 그리스도 예수 안에 있는 하나님의 사랑에서 끊을 수 없으리라"라고 말씀하고 있어. 이 구절은 하나님의 사랑이 얼마나 강력하고 변하지 않는지, 그 사랑에서 우리를 끊을 수 없다는 확신을 주지. 하나님의 사랑은 모든 것을 초월하며, 우리의 삶 속에서 영원히 함께 해.

하나님의 사랑은 그리스도인의 삶에서 가장 중요한 핵심이야. 우리는 하나님의 사랑을 깨닫고, 그 사랑을 따라 살 때, 우리의 삶은 변화하며, 하나님과의 관계도 더욱 깊어지게 돼. 하나님의 사랑은 우리의 모든 연약함과 부족함을 덮어주며, 우리가 하나님을 사랑할 수 있게 해. 우리는 하나님의 사랑을 통해 진정한 평안과 기쁨을 찾으며, 그 사랑을 이웃에게 전하는 삶을 살아야 해.

하나님의 사랑은 우리의 모든 결점을 덮어주시며,
우리의 연약함을 품어주신다. 그 사랑이 우리의 마음을 움직인다.
― 존 웨슬리 ―

믿음의 길

히 11:1 믿음은 바라는 것들의 실상이요 보이지 않는 것들의 증거니

믿음은 우리가 보지 못하는 것들을 바라보는 능력이야. 우리의 믿음은 세상의 눈으로 볼 수 없는, 하나님의 약속을 믿는 마음이지. 믿음은 바라는 것들이 이루어질 것을 확신하며, 하나님의 계획과 뜻을 신뢰하는 거야. 세상이 아무리 어려운 상황이라도, 믿음은 그 상황을 넘어 하나님의 계획을 신뢰하게 해.

믿음은 우리가 겪는 고난 속에서 하나님을 믿고 의지할 수 있는 힘을 주며, 그 믿음으로 우리가 하나님의 뜻을 이루어가는 길을 걷게 되지. 믿음은 우리가 하나님의 약속을 붙잡고, 그분의 인도하심을 따라가는 거야.

존 웨슬리는 "믿음은 우리가 하나님을 온전히 신뢰하고, 그분의 약속을 믿는 것이다. 믿음은 우리의 삶을 하나님께 맡기고, 그분의 뜻에 따라 살아가게 한다."라고 말했어. 웨슬리의 말처럼, 믿음은 하나님을 신뢰하고, 그분의 뜻을 따르는 길을 걷게 해. 믿음은 우리가 가진 모든 두려움을 덜어주고, 하나님께 더 가까이 나아가게 하지.

본회퍼도 "믿음은 우리가 하나님을 믿고 순종하는 것이다. 순종하는 믿음은 하나님과 깊은 관계를 맺게 한다." 이렇게 말했어. 본회퍼의 말처럼, 믿음은 단지 하나님을 믿는 것이 아니라, 하나님을 신뢰하고 순종하는 것이라고 말하고 있어. 믿음은 우리가 하나님께 순종할 때 더 깊어지며, 그 순종이 우리를 하나님께로 이끌어가지.

로마서 4장 20-21절에서는 "믿음이 없어 하나님의 약속을 의심하지 않고 믿음에 견고하여져서 하나님께 영광을 돌리며 약속하신 그것을 또한 능히 이루실 줄을 확신하였으니"라고 말씀하고 있어. 이 구절은 믿음이 하나님의 약속을 믿고 의지하는 것임을 강조해. 믿음은 우리가 하나님의 약속을 의심하지 않고, 그 약속을 반드시 이루어 주실 것을 믿는 거야.

믿음은 그리스도인의 삶에서 가장 중요한 가치야. 믿음은 우리가 하나님을 신뢰하고, 그분의 약속을 믿는 힘이 되어, 우리가 겪는 고난과 어려움을 이겨낼 수 있게 하지. 믿음은 하나님을 의지하며 그분의 뜻을 따르는 길을 걷게 하며, 우리가 하나님의 계획을 믿고 그 계획에 순종하는 삶을 살도록 인도해. 믿음은 우리가 보지 못하는 것을 바라보며, 하나님이 하신 약속을 확신하는 힘이야.

**믿음은 우리가 하나님의 말씀을 믿고, 그 말씀을
삶의 기준으로 삼는 것이다.
– 어거스틴 –**

하나님의 은혜

엡 2:8 너희는 그 은혜에 의하여 믿음으로 말미암아 구원을 받았으니 이것은 너희에게서 난 것이 아니요 하나님의 선물이라

하나님의 은혜는 우리가 받을 자격이 없을 때에도 주어지는 하나님의 무조건적인 사랑과 축복이야. 은혜는 우리가 아무리 부족하고 연약해도 하나님이 우리에게 주시는 선물이지. 하나님의 은혜는 우리가 죄인일 때에도 우리를 사랑하셔서 구원하셨으며, 그 구원은 우리의 공로가 아닌 하나님의 은혜에 의한 거야.

우리는 그 은혜로 인해 구원을 얻었고, 그 은혜는 우리의 삶을 변화시키며 하나님의 뜻을 이루어가게 하지. 은혜는 우리가 할 수 있는 것이 아무것도 없을 때 하나님이 주시는 선물로, 우리의 삶을 새롭게 만들어 줘.

하나님의 은혜는 우리의 자격과는 상관없이 주어지며, 그 은혜가 우리를 변화시키고 새로운 삶을 살게 하지. 하나님의 은혜는 우리가 상상할 수 없는 방식으로 우리에게 임하며, 그 은혜를 받아들이면 우리의 삶은 하나님의 뜻을 따라가는 삶으로 바뀌지.

어거스틴은 "하나님의 은혜는 우리가 누구인지, 무엇을 하였는지와 관계없이 우리에게 주어진다."라고 말했어. 어거스틴의 말처럼, 하나님의 은혜는 우리의 노력이나 공로가 아닌, 하나님의 무조건적인 사랑으로 우리에게 주어지지.

우리는 하나님의 은혜를 받아들이고, 그 은혜를 통해 하나님과의 관계를 새롭게 할 수 있어.

본회퍼도 "하나님의 은혜는 우리가 이해할 수 없는 방식으로 우리에게 주어지고, 그 은혜가 우리를 변화시킨다." 이렇게 말했어. 본회퍼의 말처럼, 하나님의 은혜는 우리가 이해할 수 없는 방식으로 주어지며, 그 은혜가 우리를 변화시키고, 하나님의 뜻을 이루어가는 길로 인도하지.

로마서 5장 8절에서는 "우리가 아직 죄인 되었을 때에 그리스도께서 우리를 위하여 죽으심으로 하나님께서 우리에 대한 자기의 사랑을 확증하셨느니라"라고 말씀하고 있어. 이 구절은 하나님의 은혜가 우리가 아직 죄인일 때에도 우리에게 주어졌음을 강조해. 하나님은 우리가 자격이 없을 때에도 우리를 사랑하시고, 그 은혜로 구원하셨어.

하나님의 은혜는 우리의 삶에서 가장 중요한 선물이야. 우리는 그 은혜를 받아들이고, 그 은혜로 인해 하나님의 뜻을 이루어가며, 우리의 삶을 하나님께 드리게 되지. 하나님의 은혜는 우리가 아무리 부족하고 연약해도, 우리가 할 수 있는 것이 아무것도 없을 때에도 주어지는 하나님의 사랑이야. 그 은혜가 우리의 삶을 변화시키며, 우리가 하나님의 뜻을 따라 살아갈 수 있게 해.

하나님의 은혜는 우리가 생각하는 것보다 더 크고 깊다. 우리가 자격이 없어도 그 은혜는 우리에게 주어진다.
– 존 웨슬리 –

하나님의 인도하심 2

사 43:19 보라 내가 새 일을 행하리니 이제 나타낼 것이라 너희가 그것을 알지 못하겠느냐 반드시 내가 광야에 길을 사막에 강을 내리니

하나님은 언제나 우리 앞에 길을 예비하시며, 우리를 인도하셔. 우리는 삶의 길을 갈 때 종종 어려움을 만나고, 갈림길에서 고민하게 되지. 그러나 하나님은 그때마다 우리가 가야 할 길을 예비하시고, 그 길로 인도하시지. 우리의 삶에서 하나님의 인도하심을 받는다는 것은, 우리가 그분의 계획에 따라 움직이고, 하나님의 뜻을 따르는 길을 걷는 거야. 우리는 인생의 많은 선택 앞에서 하나님께 인도를 구할 때, 그분은 우리의 길을 예비하시며 우리가 가야 할 길을 명확히 보여주시지.

존 웨슬리는 "하나님의 인도하심은 우리가 하나님의 뜻을 따를 때 더 분명해진다. 우리가 주님의 음성을 듣고, 그분을 따를 때, 그분은 우리를 인도하시고 우리의 삶을 이끌어 가신다."라고 말했어. 웨슬리의 말처럼, 하나님은 우리가 그분의 뜻에 귀 기울이고, 그분의 음성에 순종할 때 우리의 길을 명확히 인도하시지. 하나님의 인도하심을 받는 것은 우리가 신뢰와 순종으로 그분을 따르는 거야.

본회퍼도 "하나님이 우리의 길을 인도하실 때, 우리가 겪는 고난 속에서도 그분의 뜻을 신뢰할 수 있다." 이렇게 말했어. 본회퍼의 말처럼, 하나님의 인도하심은 우리가 어려움을 겪을 때도 하나님을 신뢰할 수 있게 만들어. 우리는 하나님께서 주시는 인도를 따라갈 때, 어떤 어려움도 이겨낼 수 있는 힘을 얻게 되는 거야.

시편 23편 1-3절에서는 "여호와는 나의 목자시니 내게 부족함이 없으리로다 그가 나를 푸른 풀밭에 누이시며 쉴 만한 물 가로 인도하시는도다"라고 말씀하고 있어. 이 구절은 하나님이 우리를 푸른 초장과 쉴 만한 물가로 인도하신다는 것을 상징적으로 보여주지. 하나님은 우리의 삶에서 인도하시고, 우리가 가야 할 길을 알려주시지. 그분의 인도하심을 따르면 우리는 쉼과 평안을 얻게 돼.

하나님의 인도하심은 우리 삶의 빛이 되지. 우리는 하나님을 신뢰하고 그분의 뜻에 따라 살아갈 때, 그분은 우리의 길을 비추어주시고, 우리를 올바른 방향으로 인도하시지. 하나님은 우리가 삶의 길에서 갈림길에 서 있을 때도, 우리가 그분을 신뢰하고 따를 때, 그분은 우리가 가야 할 길을 명확하게 보여주셔. 우리는 그분의 인도하심을 따를 때, 우리가 더 이상 혼자서 길을 찾지 않아도 되고, 하나님께서 이미 예비하신 길을 믿고 따라갈 수 있게 되는 거야.

----- ·⋘· -----

하나님은 우리의 삶을 인도하시며, 우리는 그분을
따라갈 때 평안을 얻는다.
— 어거스틴 —

하나님께서 주시는 평화

요 16:33 이것을 너희에게 이르는 것은 너희로 내 안에서 평안을 누리게 하려 함이라 세상에서는 너희가 환난을 당하나 담대하라 내가 세상을 이기었노라

하나님께서 주시는 평화는 세상에서 우리가 겪는 어떠한 고난과 시련 속에서도 우리 마음에 찾아오는 깊은 안식과 확신이야. 우리는 이 세상에서 다양한 어려움과 고난을 겪게 돼. 그러나 하나님의 평화는 이러한 상황 속에서도 우리의 마음을 평안하게 하며, 우리가 겪는 어려움 속에서도 하나님 안에서 안식을 찾을 수 있도록 하지.

하나님은 우리가 삶의 어려운 순간을 맞이할 때, 그분의 평화를 통해 우리의 마음을 지켜주셔. 하나님의 평화는 세상이 주는 평화와는 다르며, 세상의 평화는 일시적이고 외적인 안식이지만, 하나님의 평화는 내적인 안정과 신뢰를 주지.

하나님의 평화는 세상의 평화와 다르며, 우리가 이해할 수 없는 방식으로 우리에게 주어지지. 하나님의 평화는 우리의 마음 깊숙한 곳에서부터 찾아오며, 그분의 사랑과 신뢰로 우리를 가득 채우지.

어거스틴은 "하나님의 평화는 우리가 그분의 뜻을 알 때만 찾을 수 있다. 그 평화는 우리가 하나님을 온전히 신뢰할 때 우리의 마음을 충만하게 만든다."라고 말했어. 어거스틴의 말처럼, 하나님의 평화는 우리가 하나님을 신뢰하고 그분의 뜻을 따를 때 비로소 마음 깊은 곳에 채워지지. 하나님과 깊은 관계 속에서만 진정한 평화를 경험할 수 있으며, 그 평화는 우리가 일상에서 마주하는 고난 속에서도 우리를 지켜주지.

본회퍼도 "하나님의 평화는 우리의 삶을 변화시킨다. 그 평화는 우리가 고난 중에도 하나님께 온전히 의지할 때, 우리에게 강한 힘과 용기를 준다." 이렇게 말했어. 본회퍼의 말처럼, 하나님의 평화는 우리가 고난 속에서 하나님을 의지할 때, 그분의 사랑과 능력을 통해 우리를 강하게 만들지. 하나님의 평화는 우리의 마음을 지키며, 우리가 겪는 어려움 속에서도 하나님을 의지할 수 있는 힘을 주지.

빌립보서 4장 6-7절에서는 "아무것도 염려하지 말고 다만 모든 일에 기도와 간구로, 너희 구할 것을 감사함으로 하나님께 아뢰라 그리하면 모든 지각에 뛰어난 하나님의 평화가 그리스도 예수 안에서 너희 마음과 생각을 지키시리라"라고 말씀하고 있어. 이 구절은 하나님의 평화가 우리의 마음과 생각을 지켜주며, 우리가 하나님께 기도할 때 그 평화가 임함을 알려주지. 하나님께 기도하고 의지할 때, 그분의 평화가 우리의 삶을 이끌어 가며, 우리의 마음을 지켜주지.

하나님의 평화는 세상의 그 어떤 것보다 값지고 중요한 선물이야.

세상은 우리에게 불안과 두려움을 주지만, 하나님의 평화는 그 모든 것을 넘어서는 확신과 안정감을 줘. 우리는 그 평화를 받을 때, 세상의 어려움과 고난 속에서도 하나님 안에서 평안을 찾을 수 있어. 하나님의 평화는 우리가 그분을 의지하고 신뢰할 때, 우리의 삶에 깊은 안식과 희망을 주며, 어떤 상황 속에서도 우리를 지켜주지.

하나님의 평화는 우리가 이해할 수 없는 방식으로 우리에게 주어진다.
그 평화는 우리의 모든 염려와 두려움을 잠재우고,
하나님의 사랑으로 우리의 마음을 채운다.
— 존 웨슬리 —

믿음의 길을 걸어가는 힘

마 17:20 이르시되 너희 믿음이 작은 까닭이니라 진실로 너희에게 이르노니 만일 너희에게 믿음이 겨자씨 한 알 만큼만 있어도 이 산을 명하여 여기서 저기로 옮겨지라 하면 옮겨질 것이요 또 너희가 못할 것이 없으리라

믿음은 우리 삶의 길을 인도하는 가장 중요한 원동력이야. 예수님은 믿음이 겨자씨 한 알 만큼만 있어도 불가능한 일이 없다고 말씀하셨어. 겨자씨처럼 작지만 진실된 믿음은 우리의 삶에서 큰 기적을 일으킬 수 있어. 우리는 종종 우리의 믿음이 부족하다고 느낄 때가 있지. 그러나 예수님은 그 작은 믿음도 충분히 큰 변화를 이끌어낼 수 있다고 말씀하셔.

존 웨슬리는 믿음에 대해 "믿음은 하나님께서 약속하신 모든 것을 확신하며 받는 것이다. 그 믿음이 우리의 삶을 이끌고, 우리를 하나님께로 이끈다."라고 말했어. 웨슬리는 믿음의 중요성을 강조하며, 하나님께서 주신 약속을 믿고 그 약속을 받는 것이 믿음의 본질임을 알려주고 있어. 우리의 믿음이 확고할 때, 하나님의 약속을 의지하며 그 길을 걸어갈 수 있지.

어거스틴도 믿음에 대해 "믿음은 그리스도를 따르며, 그분의 가르침을 삶의 중심으로 삼는 것이다. 믿음은 우리가 그분의 뜻에 따라 살아갈 수 있도록 우리를 인도한다." 이렇게 말했어. 어거스틴은 믿음이 단순히 생각이나 감정의 문제가 아니라, 그리스도의 가르침을 삶에 실천하는 행동이자 선택임을 강조하고 있어. 믿음은 우리의 삶을 변화시키고, 하나님께로 나아가게 하는 강력한 힘이야.

히브리서 11장 1절에서는 "믿음은 바라는 것들의 실상이요 보지 못하는 것들의 증거니"라고 말씀하고 있어. 이 구절은 믿음이 우리에게 보지 못한 것들을 확신하게 하고, 하나님의 약속에 대한 실상을 깨닫게 한다는 것을 알려주고 있어. 믿음은 우리가 보지 못하는 것들을 믿고 그에 따라 행동할 수 있는 힘을 줘. 믿음은 우리에게 불가능을 가능하게 만들 수 있는 힘을 주며, 그 믿음을 따라 하나님의 뜻을 이루어갈 수 있지.

겨자씨 한 알 만한 믿음도, 우리의 삶을 변화시키고 하나님께서 예비하신 놀라운 계획을 이룰 수 있는 능력을 가지고 있어. 우리는 그 믿음을 가지고 하나님을 의지하고, 그분의 뜻에 따라 살아가야 해. 하나님의 약속을 믿고 따라갈 때, 믿음은 우리의 삶에서 기적과 변화를 일으킬 수 있어.

진정한 믿음은 우리가 하나님께서 주신 사명을 믿고 순종하는 것이다.
믿음은 단순히 머리로 아는 것이 아니라,
실제로 행동으로 옮겨야 한다.
– 본회퍼 –

하나님의 뜻을 따르는 삶

롬 12:2 너희는 이 세대를 본받지 말고 오직 마음을 새롭게 함으로 변화를 받아 하나님의 선하고 기뻐하시고 온전하신 뜻이 무엇인지 분별하도록 하라

하나님의 뜻을 따르는 삶은 우리의 가장 큰 목표여야 해. 우리는 이 세상에서 살면서 자주 세상의 방식이나 사람들의 기대에 따라 살아가게 되지. 그러나 하나님은 우리에게 세상의 방식이 아닌 하나님의 뜻에 따라 살아가도록 부르셨어. 하나님의 뜻을 따르는 삶은 우리가 이 세상에서 겪는 유혹과 갈등을 넘어서는 참된 평화와 기쁨을 가져다주지.

존 웨슬리는 하나님의 뜻을 따르는 삶에 대해 "하나님의 뜻을 따르는 것은 우리의 삶에서 가장 중요한 일이다. 그것은 우리가 하나님께서 주신 사명을 충실히 수행하며, 그분의 뜻을 온전히 이해하고 따르는 삶을 사는 것이다."라고 말했어. 웨슬리의 말처럼, 하나님의 뜻을 따르는 것은 단지 어떤 일을 하는 것만이 아니라, 우리의 삶 자체가 그분의 뜻을 실현하는 도구가 되는 거야.

본회퍼도 하나님의 뜻을 따르는 삶에 대해 "하나님의 뜻을 따르

는 삶은 세상에서 살아가면서도 하나님과 깊은 관계를 유지하는 삶이다. 그것은 우리가 세상의 이익이나 권력보다 하나님을 더 소중히 여길 때 실현된다." 이렇게 말했어. 본회퍼의 말처럼, 하나님의 뜻을 따르는 삶은 세상과의 갈등 속에서도 하나님과의 관계를 유지하는 거야. 우리는 세상에서 살아가면서도 하나님을 더 사랑하고 그분의 뜻을 이루어가는 삶을 살아야 해.

야고보서 1장 22절에서는 "너희는 말씀을 행하는 자가 되고 듣기만 하여 자신을 속이는 자가 되지 말라"라고 말씀하고 있어. 이 구절은 우리가 하나님의 뜻을 따르는 삶이 단지 말씀을 듣는 것에 그치는 것이 아니라, 그 말씀을 실행하는 삶이어야 함을 강조해. 하나님의 뜻을 따르는 삶은 우리의 행동에서 실현되며, 우리는 그 말씀을 삶 속에서 실천할 때 진정으로 하나님의 뜻을 이루게 되지.

하나님의 뜻을 따르는 삶은 우리가 이 세상에서 겪는 어려움과 유혹을 넘어서, 하나님과 깊은 관계를 유지하는 삶이야. 우리는 하나님의 뜻을 알기 위해 기도하고 말씀을 묵상하며, 그 뜻을 따라 살아갈 때 진정한 평화와 기쁨을 경험할 수 있어. 하나님의 뜻은 우리에게 자유를 주며, 그 뜻을 따르는 삶은 우리가 진정으로 살아갈 수 있는 길을 열어주지.

하나님의 뜻을 따르는 것은 우리가 하나님을 사랑하고, 그분의 뜻에
순종하는 것이다. 우리가 하나님을 사랑하고 그분의 뜻을
따를 때, 진정한 자유와 평화를 경험하게 된다.
– 어거스틴 –

사랑은 세상을 변화시키는 힘 2

고전 16:14 너희 모든 일을 사랑으로 행하라

사랑은 그리스도인의 삶의 중심이야. 우리의 삶에서 가장 중요한 것은 하나님을 사랑하고, 이웃을 사랑하는 거야. 고린도전서 13장에서 바울은 사랑이 얼마나 중요한지를 강조하며, 사랑의 본질을 설명하고 있어. 사랑은 모든 것을 참으며, 모든 것을 용서하고, 언제나 진리 안에서 기쁨을 찾아. 사랑은 우리의 삶을 변화시키는 가장 강력한 힘이지.

어거스틴은 사랑에 대해 "사랑은 하나님으로부터 오는 것이다. 우리가 하나님을 사랑할 때, 그 사랑은 자연스럽게 이웃을 향한 사랑으로 이어진다. 사랑은 우리를 변화시키고, 세상을 변화시키는 힘이 된다."라고 말했지. 어거스틴은 사랑이 하나님으로부터 온다는 사실을 강조하며, 하나님을 사랑하는 마음이 이웃에게로 확장되며, 그 사랑으로 세상을 변화시킨다고 말했어. 하나님의 사랑을 받은 사람은 그 사랑을 이웃에게 나누며 세상에 변화를 가져오지.

본회퍼도 사랑에 대해 "사랑은 단지 감정이 아니라, 행동이다. 우

리가 사랑한다면, 그 사랑은 우리의 삶에 나타나야 한다. 사랑은 우리를 그리스도의 길로 이끌며, 그 길을 따라갈 때 우리는 진정한 자유와 기쁨을 경험하게 된다." 이렇게 말했어. 본회퍼는 사랑을 단순히 감정적인 상태가 아닌, 실제로 행동으로 실천하는 것이라고 강조했어. 사랑은 우리의 행동에서 나타나야 하며, 그 사랑을 실천함으로써 하나님을 섬기고, 이웃을 섬기는 삶을 살아야 해.

요한일서 4장 19절에서는 "우리가 사랑함은 그가 먼저 우리를 사랑하셨음이라"라고 말씀하고 있어. 이 구절은 우리가 사랑을 실천하는 이유가 하나님께서 먼저 우리를 사랑하셨기 때문임을 알려주지. 하나님은 우리에게 먼저 사랑을 베푸셨고, 그 사랑을 받으며 우리는 다른 사람을 사랑하는 능력을 얻는 거야.

사랑은 세상을 변화시키는 가장 강력한 힘이야. 하나님의 사랑을 받은 사람은 그 사랑을 이웃에게 나누며, 세상을 사랑으로 변화시킬 수 있어. 사랑은 우리의 삶에서 실천되어야 하며, 그 사랑이 세상에 전해질 때, 우리는 진정한 그리스도인의 삶을 살아가게 되는 거야. 하나님을 사랑하는 마음이 우리의 모든 행동과 관계에 영향을 미치며, 사랑을 실천하는 삶이 진정한 변화를 이끌어내지.

사랑은 우리의 삶을 변화시키는 힘이다. 하나님을 사랑하고,
그 사랑을 이웃에게 전하는 것은 우리가 그리스도인의
길을 걷는 가장 중요한 방법이다.
- 존 웨슬리 -

고난 중에도 하나님을
신뢰하는 믿음

시 23:1-2 여호와는 나의 목자시니 내게 부족함이 없으리로다 그가 나를 푸른 풀밭에 누이시며 쉴 만한 물 가로 인도하시는도다

고난 중에도 하나님을 신뢰하는 믿음은 우리의 삶을 지탱하는 중요한 힘이야. 우리는 인생에서 다양한 어려움과 고난을 겪게 되지. 그러나 그 고난 속에서도 하나님을 신뢰하는 믿음은 우리의 마음을 평안하게 하고, 그분의 인도하심을 경험하게 해.

시편 23편에서 다윗은 하나님을 목자라고 고백하며, 그분의 인도하심 속에서 부족함이 없다는 믿음을 표현하고 있어. 하나님을 신뢰하며 따르는 믿음은 고난을 넘어설 수 있는 힘이 되는 거야.

본회퍼는 고난에 대해 "고난은 그리스도인에게 필수적인 경험이다. 우리는 고난 속에서도 하나님을 신뢰하고, 그분의 뜻을 따라야 한다. 고난이 우리를 하나님께 더 가까이 나아가게 하고, 우리를 온전한 믿음으로 이끈다."라고 말했어. 본회퍼는 고난이 우리의 믿음을 더욱 강하게 하고, 하나님과의 관계를 더욱 깊게 만들어준다고 했지. 고난 속에서도 하나님을 신뢰하는 믿음은 우리가 그분의 뜻을 온

전히 따르게 해.

고난이 우리를 연단시키고, 하나님께 더욱 의지하게 만들어. 하나님은 우리의 고난 속에서도 우리를 떠나지 않으시고, 그분의 은혜로 우리를 새롭게 하시지.

존 웨슬리도 고난에 대해 "고난 속에서도 하나님을 신뢰하는 것이 믿음의 핵심이다. 우리가 고난을 겪을 때, 하나님을 신뢰하고 그분의 뜻을 따를 때, 그 고난은 우리를 더욱 강하게 만든다." 이렇게 말했어. 웨슬리는 고난을 겪을 때, 하나님을 신뢰하는 것이 중요하다고 말하고 있어. 고난 속에서도 하나님을 신뢰할 때, 우리는 그분의 계획을 신뢰하며 더욱 단단한 믿음을 얻게 되는 거야.

로마서 8장 28절에서는 "우리가 알거니와 하나님을 사랑하는 자 곧 그의 뜻대로 부르심을 입은 자들에게는 모든 것이 합력하여 선을 이루느니라"라고 말씀하고 있어. 이 구절은 하나님을 사랑하는 자들에게는 고난과 역경도 합력하여 선을 이루게 한다고 말씀하고 있어. 하나님은 우리의 고난 속에서도 선한 목적을 이루시며, 그분의 계획이 우리에게 유익이 될 것임을 믿는 믿음이 필요해.

고난 중에도 하나님을 신뢰하는 믿음은 우리가 어려움을 이겨내는 힘이 되는 거야. 하나님은 우리의 삶을 인도하시며, 고난을 통해 우리를 연단하고, 믿음을 더 깊게 만들어 주시지.

우리는 고난 속에서 하나님을 신뢰하고, 그분의 인도하심을 따르며, 하나님의 뜻이 이루어지는 과정에서 참된 평안과 기쁨을 경험할 수 있어.

하나님은 우리의 고난을 통해 우리를 연단하신다. 고난은
우리를 더욱 하나님께 의지하게 하고, 그분의
은혜를 더 깊이 체험하게 한다.
- 어거스틴 -

용서의 힘,
마음의 평안을 얻는 길

요 20:23 너희가 누구의 죄든지 사하면 사하여질 것이요 누구의 죄든지 그대로 두면 그대로 있으리라

용서는 우리가 살아가는 삶에서 중요한 부분을 차지해. 우리는 종종 다른 사람에게 상처를 받거나 실망을 경험하지. 그때 용서하지 않으면 그 상처는 우리의 마음속에 남아, 더 큰 아픔으로 다가오게 되지. 하지만 용서의 능력을 통해 우리는 마음의 평안을 얻고, 진정한 자유를 경험하게 돼. 예수님은 우리에게 용서의 중요성을 가르치시며, 타인의 죄를 사하는 것이 우리 마음의 평안을 가져다준다고 말씀하셨어.

존 웨슬리는 용서에 대해 "우리는 다른 사람을 용서하는 것이 자신의 마음을 깨끗하게 하는 길임을 알아야 한다. 용서가 없다면, 우리의 마음은 계속해서 미움과 원망으로 가득 차게 된다. 그러나 용서는 우리를 자유롭게 하고, 평안을 준다."라고 말했어. 웨슬리는 용서가 우리의 마음을 치유하고, 자유를 준다고 강조했어. 용서하지 않으면 마음속에 그 미움이 남아, 점차 더 큰 괴로움으로 다가온다고 말했지.

본회퍼도 용서에 대해 "용서는 그리스도인의 삶에서 실천해야 할

가장 중요한 부분이다. 우리가 용서할 때, 우리는 그리스도의 사랑을 실천하는 것이며, 이 사랑이 우리를 온전한 사람으로 만든다." 이렇게 말했지. 본회퍼는 용서가 그리스도인의 삶에서 중요한 역할을 한다고 강조했어. 용서를 통해 우리는 그리스도의 사랑을 실천하며, 그 사랑이 우리를 온전한 사람으로 인도하는 거야.

에베소서 4장 32절에서는 "서로 친절하게 하고 불쌍히 여기며 서로 용서하기를 하나님이 그리스도 안에서 너희를 용서하심과 같이 하라"고 말씀하셨어. 이 구절은 우리가 하나님께서 우리를 용서하신 것처럼, 서로 용서해야 한다는 것을 강조하지. 용서는 우리 마음을 가볍게 하고, 하나님과 관계를 더욱 깊게 해.

용서의 힘은 우리의 삶에서 평안을 가져오며, 더 이상 상처와 미움이 우리를 지배하지 않게 해. 용서는 단순히 타인을 위한 것이 아니라, 자기 자신을 위한 것이야. 우리 자신이 용서할 때, 그 마음의 짐이 내려가고, 우리는 진정한 평안을 경험하게 되지. 하나님은 우리가 용서하는 자가 되기를 원하시며, 그 용서를 통해 우리의 삶이 변화되기를 바라셔. 우리는 하나님의 용서를 받은 자로서, 그 사랑을 다른 사람에게 전하는 자가 되어야 해.

하나님께서 우리를 용서하신 것처럼, 우리는 다른 사람을 용서해야 한다.
용서는 하나님의 뜻을 따르는 것이며, 우리의 삶을 변화시키는 중요한 열쇠이다.
― 어거스틴 ―

하나님의 계획을 신뢰하는 삶

잠 3:5-6 너는 마음을 다하여 여호와를 신뢰하고 네 명철을 의지하지 말라 너는 범사에 그를 인정하라 그리하면 네 길을 지도하시리라

하나님의 계획을 신뢰하는 삶은 우리가 이 세상에서 가장 중요한 결정을 내릴 때, 그분의 뜻에 따라 살아가는 삶을 의미해. 우리는 매일 크고 작은 결정을 내리지. 그중에서도 인생의 중요한 순간에 하나님께서 인도해 주시는 길을 따르는 것은 매우 중요해. 하나님의 계획을 신뢰하는 것은 때로는 우리의 생각과 다를 수 있지만, 그 계획 속에 담긴 하나님의 사랑과 섭리를 믿는 거야.

존 웨슬리는 하나님의 계획에 대해 "하나님은 우리 각자를 위해 완벽한 계획을 갖고 계신다. 그 계획은 우리의 이해를 초월하지만, 우리가 믿고 따를 때 그 길은 우리에게 가장 좋은 길이 된다."라고 말했어. 웨슬리는 하나님께서 우리를 위해 완벽한 계획을 갖고 계시며, 우리가 그 계획을 신뢰하고 따를 때, 그 길이 우리의 삶을 가장 아름답게 만든다고 말했어.

하나님의 계획이 우리의 삶을 인도하며, 그 계획을 따라갈 때 우

리의 삶이 온전해지고, 하나님의 뜻이 이루어지게 되는 거야.

본회퍼도 "하나님의 계획은 단지 우리가 원하는 것이 아니라, 우리가 하나님과 함께 걸어갈 길이다. 그 길을 믿음으로 걸어갈 때, 우리는 그분의 뜻을 경험하게 된다." 이렇게 말했어. 본회퍼는 하나님의 계획이 우리의 생각과 다를 수 있지만, 그 길을 믿음으로 따를 때 하나님의 뜻을 경험하게 된다고 했어.

이사야 55장 8-9절에서는 "이는 내 생각이 너희의 생각과 다르며 내 길은 너희의 길과 다름이니라 여호와의 말씀이니라 이는 하늘이 땅보다 높음같이 내 길은 너희의 길보다 높으며 내 생각은 너희의 생각보다 높음이니라"라고 말씀하셨어. 하나님의 계획은 우리의 생각을 초월하며, 하나님의 길은 우리의 길보다 높고 깊어. 우리는 그 길을 신뢰하고 따라가야 해.

하나님의 계획을 신뢰하는 삶은 불확실한 세상에서 확신을 갖고 살아갈 수 있는 힘이 돼. 하나님은 우리의 삶에 완벽한 계획을 갖고 계시며, 우리가 그 계획을 신뢰하고 순종할 때, 하나님의 뜻이 우리의 삶 속에서 실현될 거야. 우리의 생각과 다를지라도, 하나님을 신뢰하며 그 길을 따라갈 때, 우리의 삶은 더욱 풍성하고 아름답게 변하게 되지.

하나님의 계획은 우리가 상상할 수 있는 것보다 더 크고 완전하다. 우리는 그분의 계획을 따르며, 그분의 뜻을 이루는 삶을 살아가야 한다.
— 어거스틴 —

시련 중에도 하나님의 사랑을 믿는 삶

히 13:5 내가 결코 너희를 버리지 아니하고 너희를 떠나지 아니하리라 하셨느니라

우리는 종종 인생의 시련과 어려움 속에서 하나님의 사랑을 의심하게 돼. 하지만 하나님의 사랑은 어떤 상황에서도 변하지 않아. 시련 중에도 하나님은 우리와 함께하시며, 우리가 겪는 고통을 함께 나누셔. 하나님은 우리를 결코 떠나지 않으시며, 그분의 사랑은 언제나 우리를 감싸고 있다는 사실을 믿는 것이 중요해.

존 웨슬리는 시련 중에도 하나님의 사랑을 믿는 것에 대해 "어떠한 시련도 하나님의 사랑을 의심하게 해서는 안 된다. 하나님은 언제나 우리와 함께하시며, 우리의 고통을 함께 나누신다. 우리가 어려움을 겪을 때, 그분의 사랑은 더욱 깊게 우리에게 다가온다."라고 말했어. 웨슬리는 시련 속에서 하나님의 사랑을 믿고 신뢰하는 것이 중요하다고 말했어. 하나님은 우리의 고통을 이해하시고, 그 사랑으로 우리를 붙드시며, 시련을 함께 이겨 나가게 하시지.

어거스틴도 고난과 하나님의 사랑에 대해 "하나님의 사랑은 고난

속에서도 변하지 않는다. 우리가 고난을 겪을 때, 그 사랑은 더욱 확실하게 우리를 붙잡는다. 하나님은 우리의 고난 속에서 가장 가까이 계시며, 우리에게 가장 큰 위로를 주신다." 이렇게 말했어. 어거스틴은 하나님의 사랑이 고난 속에서도 변하지 않으며, 그 사랑이 우리에게 위로와 힘을 준다고 말했어.

고난을 통해 하나님은 우리를 강하게 만드시며, 그 사랑으로 우리를 더욱 온전한 사람으로 만들어 가시는 거야.

로마서 8장 35-39절에서는 "누가 우리를 그리스도의 사랑에서 끊으리요 환난이나 곤고나 박해나 기근이나 적신이나 위협이나 칼이랴 기록된 바 우리가 종일 주를 위하여 죽임을 당하게 되며 도살 당할 양 같이 여김을 받았나이다 함과 같으니라 그러나 이 모든 일에 우리를 사랑하시는 이로 말미암아 우리가 넉넉히 이기느니라 내가 확신하노니 사망이나 생명이나 천사들이나 권세자들이나 현재 일이나 장래 일이나 능력이나 높음이나 깊음이나 다른 어떤 피조물이라도 우리를 우리 주 그리스도 예수 안에 있는 하나님의 사랑에서 끊을 수 없으리라"라고 말씀하고 있어. 이 구절은 하나님의 사랑이 우리를 절대로 끊을 수 없음을 확신하게 만들지. 어떤 시련도 하나님의 사랑에서 우리를 떼어 놓을 수 없다는 사실을 알게 해.

시련 중에도 하나님의 사랑을 믿고 신뢰하는 것은 우리의 믿음을 더욱 강하게 하지. 하나님의 사랑은 우리가 겪는 모든 고난 속에서 함께 하시며, 그 사랑을 믿을 때 우리는 그 어떤 시련도 극복할 수 있는 힘을 얻지. 하나님의 사랑은 끝이 없으며, 언제나 우리와 함께하셔. 그 사랑을 믿고 의지할 때, 우리는 시련을 넘어설 수 있는 평안과 힘을 얻게 되는 거야.

하나님은 우리의 고난을 통해 우리를 더욱 온전하게 하시며, 그 사랑으로
우리를 강하게 만드신다. 우리가 고난을 겪을 때, 그분의
사랑은 우리에게 더 가까이 다가온다.

− 본회퍼 −

진정한 평화를 찾는 길

요 14:27 평안을 너희에게 끼치노니 곧 나의 평안을 너희에게 주노라 내가 너희에게 주는 것은 세상이 주는 것과 같지 아니하니라 너희는 마음에 근심하지도 말고 두려워하지도 말라

진정한 평화는 외부 환경에서 오는 것이 아니라, 하나님과의 관계에서 오는 거야. 우리는 종종 평화를 외부적인 조건이나 상황에서 찾으려 하지만, 하나님의 말씀에 따르면 진정한 평화는 오직 하나님과 깊은 관계 속에서 얻을 수 있어. 예수님은 우리에게 세상의 평화가 아니라, 그분의 평화를 주겠다고 약속하셨어. 그 평화는 우리의 마음을 지키며, 어떤 상황에서도 안정과 평안을 경험하게 해.

존 웨슬리는 진정한 평화에 대해 "하나님의 평화는 우리의 마음을 완전히 채우고, 어떤 어려움이나 고난에도 흔들리지 않게 한다. 세상의 평화는 일시적일 수 있지만, 하나님이 주시는 평화는 영원하다."라고 말했어. 웨슬리는 하나님의 평화가 세상에서 구할 수 있는 어떤 평화보다 훨씬 깊고 오래 지속된다고 강조해.

어거스틴도 평화에 대해 "하나님의 평화는 우리의 영혼을 완전히 만족시킨다. 우리가 하나님과의 올바른 관계를 회복할 때, 진정한 평화가 우리 안에 자리 잡는다." 이렇게 말했어. 어거스틴은 하나님과의 올바른 관계 속에서 평화를 찾을 수 있으며, 그 평화는 우리를 참된 만족과 안정으로 이끈다고 말했어.

세상에서 평화를 찾으려 하는 것은 무의미하며, 오직 하나님 안에서 진정한 평화를 찾을 수 있어.

빌립보서 4장 6-7절에서는 "아무 것도 염려하지 말고 다만 모든 일에 기도와 간구로, 너희 구할 것을 감사함으로 하나님께 아뢰라 그리하면 모든 지각에 뛰어난 하나님의 평강이 그리스도 예수 안에서 너희 마음과 생각을 지키시리라"라고 말씀하고 있어. 이 구절은 하나님께 우리의 염려를 맡길 때, 하나님께서 그 어떤 평화보다 깊은 평강을 주신다고 약속해.

하나님의 평화는 우리의 마음과 생각을 지키며, 어떤 어려움도 그것을 넘지 못하게 해. 진정한 평화를 찾는 길은 하나님을 신뢰하고, 그분의 뜻을 따르는 삶이야. 그 평화는 우리의 삶을 변화시키고, 우리의 마음속 깊은 곳에서부터 흐르며, 세상 어떤 상황도 흔들 수 없게 하지.

세상에서는 평화를 찾을 수 없다. 그러나 하나님 안에서는 진정한 평화가 존재하며, 그 평화는 우리의 삶을 온전하게 만든다.
— 본회퍼 —

믿음의 길을 걸어가는 용기

사 25:9 그가 우리를 구원하시리로다 이는 여호와시라 우리가 그를 기다렸으니 우리는 그의 구원을 기뻐하며 즐거워하리라

믿음은 종종 두려움을 이기고, 용기를 가지고 하나님의 길을 걸어가는 거야. 우리는 많은 경우 믿음이 약해지거나, 하나님의 뜻을 따르기 두려울 때가 많아. 하지만 하나님께서는 우리가 두려워하지 않고 믿음으로 그분의 길을 따라가기를 원하셔. 믿음의 길을 걸어가는 것은 단순한 순종을 넘어서, 하나님의 뜻을 확신하고 그것을 살아내는 용기가 필요하지.

존 웨슬리는 믿음의 용기에 대해 "믿음은 우리가 하나님의 뜻을 알게 되었을 때, 그 뜻을 의심하지 않고 따라가는 것이다. 믿음의 용기는 하나님이 주신 약속을 믿고, 그 길을 담대히 걸어가는 것이다."라고 말했어. 웨슬리는 믿음의 용기가 하나님의 약속을 믿고, 그것을 삶 속에서 실천하는 것이라고 강조했어.

본회퍼도 믿음의 용기에 대해 "믿음은 하나님을 따르는 것이며, 그것은 결코 쉬운 일이 아니다. 그러나 하나님을 믿는 사람에게는 두

려움 대신 용기가 주어진다. 믿음은 우리가 알지 못하는 길을 따라가게 하며, 그 길 끝에 하나님의 뜻이 있음을 믿게 한다." 이렇게 말했지. 본회퍼는 믿음이 우리가 알지 못하는 길을 따라갈 수 있게 해주며, 하나님께서 그 길을 인도하신다고 믿는 용기를 가질 수 있도록 한다고 말했어.

마태복음 14장 29-31절에서는 "오라 하시니 베드로가 배에서 내려 물 위로 걸어서 예수께로 가되 바람을 보고 무서워 빠져 가는지라 소리 질러 이르되 주여 나를 구원하소서 하니 예수께서 즉시 손을 내밀어 그를 붙잡으시며 이르시되 믿음이 작은 자여 왜 의심하였느냐 하시고"라고 말씀하고 있어. 이 구절은 믿음의 길을 걸어갈 때, 의심과 두려움이 생기기 마련임을 보여주며, 그럼에도 불구하고 예수님은 우리의 손을 잡고 믿음을 더욱 굳건히 하게 하심을 알게 해.

믿음의 길을 걸어가는 용기는 우리가 두려움을 넘어설 수 있도록 해주지. 하나님을 신뢰하고 그 길을 따라갈 때, 비록 길이 험난해 보일지라도 하나님께서는 우리에게 용기와 지혜를 주시며, 그 길을 끝까지 걸어갈 수 있도록 도와주고 계시지.

하나님을 신뢰하는 믿음은 어떤 두려움도 물리친다. 믿음은
하나님께서 우리를 인도하시고 보호하실 것을
확신하며, 그 길을 따라가는 것이다.
— 어거스틴 —

하나님의 뜻을 따르는 삶

롬 12:2 너희는 이 세대를 본받지 말고 오직 마음을 새롭게 함으로 변화를 받아 하나님의 선하시고 기뻐하시고 온전하신 뜻이 무엇인지 분별하도록 하라

하나님의 뜻을 따르는 삶은, 우리가 자신을 내려놓고 하나님을 향해 나아가는 길이야. 하나님의 뜻을 따르는 것은 단순히 우리가 원하는 대로 사는 것이 아니야. 하나님의 뜻을 따르는 삶은 하나님이 원하시는 방향으로 우리의 삶을 조정하는 거야. 우리가 하나님의 뜻을 따를 때, 우리의 계획과 욕망을 내려놓고, 하나님의 계획에 순종해야 해.

존 웨슬리는 하나님의 뜻에 대해 "하나님의 뜻을 따르는 것이 가장 큰 행복이다. 우리의 뜻이 아니라, 하나님의 뜻이 이루어지는 것을 기뻐해야 한다."라고 말했어. 웨슬리는 하나님의 뜻을 따르는 삶이 가장 큰 기쁨과 행복을 준다고 강조했어. 하나님의 뜻을 따르는 것은 그분의 뜻이 우리 삶 속에 실현될 때, 우리가 진정으로 평안하고 만족하게 된다는 거야.

하나님의 뜻을 따르는 것이 우리의 진정한 삶의 목적이며, 그 길

을 따를 때 우리는 궁극적인 의미를 발견하지.

본회퍼도 하나님의 뜻에 대해 "하나님의 뜻은 우리가 이해할 수 없을 때도 있지만, 그 뜻을 따를 때 우리는 더 큰 은혜와 축복을 경험한다. 하나님의 뜻을 따르는 삶은 고통과 어려움 속에서도 희망과 기쁨을 준다." 이렇게 말했어. 본회퍼는 하나님의 뜻이 때로는 고통스러울 수 있지만, 그 뜻을 따를 때 우리는 하나님의 놀라운 은혜와 축복을 경험하게 된다고 말했어.

미가서 6장 8절에서는 "사람아 주께서 선한 것이 무엇임을 네게 보이셨나니 여호와께서 네게 구하시는 것이 오직 정의를 행하며 인자를 사랑하며 겸손하게 네 하나님과 함께 행하는 것이 아니냐"라고 말씀하고 있어. 이 구절은 하나님께서 우리에게 바라는 것은 오직 정의를 행하고 겸손히 하나님과 행하는 거야. 우리는 하나님의 마음과 뜻을 분별할 수 있으며, 그 뜻에 따라 살게 되는 거야.

하나님의 뜻을 따르는 삶은 우리의 삶을 변화시키며, 우리가 온전히 하나님께 의지하게 해. 하나님은 우리가 그분의 뜻을 따를 때, 우리의 삶을 더 풍성하고 의미 있는 삶으로 이끌어 주셔.

하나님을 따르는 것은 우리의 인생의 참된 목적이다.
우리가 하나님의 뜻을 알게 될 때, 우리의 삶은 그 의미를 찾아가게 된다.
— 어거스틴 —

하나님 안에서의 평안

시 91:9-10 네가 말하기를 여호와는 나의 피난처시라 하고 지존자를 너의 거처로 삼았으므로 화가 네게 미치지 못하며 재앙이 네 장막에 가까이 오지 못하리니

하나님 안에서의 평안은 세상이 줄 수 없는 진정한 안식이야. 우리는 세상에서 많은 불안과 고통을 경험하며 살아가고 있지. 그러나 하나님께서 우리에게 주시는 평안은 세상적인 것과는 달라. 하나님의 평안은 우리의 마음과 생각을 지키시며, 그 평안 안에서 우리는 어떤 상황 속에서도 안식을 누릴 수 있어.

존 웨슬리는 하나님 안에서의 평안에 대해 "하나님의 평안은 세상 그 어떤 것과 비교할 수 없다. 하나님 안에서 마음의 안식과 평화를 찾을 때, 우리의 삶은 흔들림 없이 강건해진다."라고 말했어. 웨슬리는 하나님께서 주시는 평안이 우리의 삶을 지켜주며, 그 평안은 우리가 하나님을 전적으로 의지할 때만 누릴 수 있는 것이라고 강조했어.

본회퍼도 하나님 안에서의 평안에 대해 "하나님의 평안은 세상의 고통 속에서도 우리의 영혼을 보호하며, 우리가 겪는 모든 고난 속에

서 하나님께서 주시는 평안을 알게 된다." 이렇게 말했어. 본회퍼는 하나님의 평안이 세상의 고통 속에서도 우리를 지켜주며, 우리가 하나님 안에서 진정한 평안을 찾을 수 있다고 강조했지.

하나님 안에서 얻는 평안이 세상적인 것들과는 비교할 수 없는 깊은 만족감을 갖게 되는 거야.

빌립보서 4장 7절에서는 "하나님의 평강이 그리스도 예수 안에서 너희 마음과 생각을 지키시리라"라고 말씀하고 있어. 이 구절은 하나님께서 주시는 평안이 우리의 마음과 생각을 지켜주며, 우리에게 진정한 평화를 선물하신다는 것을 말해주지.

하나님 안에서의 평안은 우리가 무엇을 가지고 있느냐에 따라 달라지지 않아. 하나님께서 주시는 평안은 우리의 환경과 상황을 초월하여, 우리의 마음속 깊은 곳에서부터 온전한 안식을 허락하시지. 그 평안을 받아들이면, 우리는 외적인 상황에 휘둘리지 않게 되고, 하나님의 임재 속에서 참된 평화를 누릴 수 있어.

하나님 안에서 찾은 평안은 우리 마음의 깊은 곳에서 오는 것이다.
우리가 세상의 평인을 찾으러 힐 때, 그 평인은 결국 불안으로 변하게 되지만,
하나님을 믿는 사람은그의 평안이 깊이와 영원함을 알게 된다.
– 어거스틴 –

하나님의 사랑과 은혜

요 15:12 내 계명은 곧 내가 너희를 사랑한 것 같이 너희도 서로 사랑하라 하는 이것이니라

하나님의 사랑은 우리의 삶을 변화시키는 가장 강력한 힘이야. 하나님의 사랑은 우리가 상상할 수 있는 어떤 사랑과도 비교할 수 없어. 그 사랑은 무조건적이며, 우리가 어떤 모습일지라도 그 사랑은 변하지 않아. 하나님의 사랑은 우리의 연약함을 덮어주시고, 우리가 상처받고 넘어질 때마다 일으켜 주시지.

하나님의 사랑이 우리가 사랑을 실천할 수 있는 힘의 원천이 되지. 하나님의 사랑은 우리를 변화시키며, 우리도 다른 사람들을 그 사랑으로 품게 해.

어거스틴은 "하나님의 사랑은 우리를 부르시고, 우리가 그분을 사랑할 때, 우리는 진정으로 살아가는 것이다."라고 말했어. 어거스틴은 하나님의 사랑이 우리의 존재를 의미 있게 만든다고 말했어. 그 사랑을 깨닫고 그분을 사랑할 때, 우리는 비로소 진정한 삶을 경험하게 되지.

본회퍼도 하나님의 사랑에 대해 "하나님의 사랑은 우리가 어두운 가운데 있을 때에도 빛을 비추며, 그 사랑 안에서 우리는 길을 찾는다." 이렇게 말했어. 본회퍼는 하나님의 사랑이 우리의 삶 속에서 모든 어려움을 극복할 수 있는 희망의 빛이 된다고 말했어.

로마서 8장 38-39절에서는 "사망이나 생명이나 천사들이나 권세자들이나 현재 일이나 장래 일이거나 능력이나 높음이나 깊음이나 다른 어떤 피조물이라도 우리를 우리 주 그리스도 예수 안에 있는 하나님의 사랑에서 끊을 수 없으리라"라고 말씀하고 있어. 이 구절은 하나님의 사랑이 어떤 상황에서도 변하지 않으며, 우리를 끝까지 붙들어 주신다는 것을 확신시키지.

하나님의 사랑은 우리가 겪는 고난과 시련 속에서도 우리를 떠나지 않아. 그 사랑은 우리의 약함을 덮어주시며, 우리를 일으켜 주고, 다시 힘을 주어 앞으로 나아가게 해. 하나님의 사랑은 우리가 이 세상에서 경험할 수 있는 가장 큰 은혜이며, 그 사랑 안에서 우리는 참된 평화와 기쁨을 찾을 수 있어.

하나님의 사랑은 우리의 부족함을 감싸주며, 우리가 사랑할 수 있는 능력까지 주신다. 그 사랑 안에서 우리는 서로를 사랑할 수 있다.
− 존 웨슬리 −

믿음의 힘

롬 10:17 그러므로 믿음은 들음에서 나며 들음은 그리스도의 말씀으로 말미암았느니라

믿음은 우리의 삶을 이끌어가는 가장 중요한 힘이야. 믿음은 우리가 아무리 어려운 상황에 처해 있어도 하나님을 신뢰하며 나아갈 수 있는 능력을 주지. 믿음은 우리에게 하나님의 뜻을 믿고 따를 수 있는 용기를 주며, 그 믿음을 통해 우리는 하나님과 깊은 관계를 경험하게 해.

존 웨슬리는 믿음에 대해 "믿음은 우리가 하나님을 신뢰할 때, 하나님이 우리에게 이루실 일들을 믿는 것이다. 그 믿음이 우리의 삶을 인도하며, 우리는 하나님께서 주신 능력으로 어떤 일도 감당할 수 있다." 라고 말했어. 웨슬리는 믿음이 우리의 삶을 변화시키는 힘이 된다고 강조했지. 믿음은 우리가 세상의 어려움을 넘어설 수 있는 능력을 줘.

어거스틴도 "믿음은 하나님을 향한 신뢰이며, 그 믿음으로 우리는 어려운 상황을 견딜 수 있다. 믿음은 우리가 주님의 인도하심을 따를 때, 그 길이 옳다는 확신을 준다." 이렇게 말했어. 어거스틴은 믿음

이 우리에게 확신과 평안을 준다고 했어. 그 믿음을 통해 우리는 하나님이 주시는 길을 따라갈 수 있지.

믿음이 우리를 하나님께로 이끌고, 그 믿음을 통해 우리는 하나님의 뜻을 실천하는 삶을 살게 되는 거야.

히브리서 11장 1절에서 "믿음은 바라는 것들의 실상이요 보이지 않는 것들의 증거니"라고 말씀하고 있어. 이 구절은 믿음이 우리가 보지 못하는 것을 확신하게 만들며, 우리에게 하나님께서 주시는 약속을 믿고 나아가게 해.

믿음은 우리가 하나님을 신뢰할 때, 그 신뢰가 우리의 행동에 영향을 미치지. 믿음은 우리가 하나님의 말씀을 듣고 믿을 때, 그 말씀을 따라 살아갈 수 있게 해. 믿음은 단순히 감정이나 생각에 그치는 것이 아니라, 우리의 삶 속에서 실제로 나타나는 실천적인 신뢰야.

믿음은 단순히 생각의 차원이 아니라 삶의 선택이다.
우리가 믿음을 통해 행동할 때, 하나님의 뜻을 이루어가게 된다.
― 본회퍼 ―

고난 속에서의 소망

약 1:2 내 형제들아 너희가 여러 가지 시험을 당하거든 온전히 기쁘게 여기라

고난은 우리 모두에게 피할 수 없는 현실이야. 때로 우리는 고난이 너무나 힘겨워서 이길 수 있을지 의문이 들기도 하지. 하지만 성경은 고난 속에서 기쁨을 찾으라고 말씀하시고 있어. 왜냐하면 고난은 우리가 하나님의 뜻을 깨닫고, 우리의 믿음을 더욱 깊게 할 수 있는 기회이기 때문이야.

고난이 우리를 더 강하게 만들고, 하나님과의 관계를 깊게 하며, 고난을 통해 우리는 하나님께 더 가까워지게 되는 거야.

어거스틴은 "고난은 우리가 하나님을 더욱 의지하게 만들며, 그 속에서 하나님은 우리에게 새로운 소망을 주신다. 고난은 결코 끝이 아니라, 하나님이 우리에게 주시는 기회이다."라고 말했어. 어거스틴은 고난 속에서도 하나님께 의지하며 소망을 찾을 수 있다는 믿음을 강조했어. 고난이 우리를 강하게 만들며, 하나님을 더욱 신뢰하게 하지.

본회퍼도 고난에 대해 "고난 속에서 우리는 하나님의 뜻을 깨닫고,

그 뜻을 이루기 위해 우리의 삶을 드린다. 고난은 우리가 하나님을 의지할 수 있는 기회이며, 그 안에서 우리는 하나님의 사랑을 경험한다." 이렇게 말했지. 본회퍼는 고난 속에서 하나님의 사랑과 인도를 느끼며, 그 고난이 우리를 더욱 하나님께 가까이 이끌어 준다고 말했어.

로마서 5장 3-4절에서는 "다만 이뿐 아니라 우리가 환난 중에도 즐거워하나니 이는 환난이 인내를, 인내는 연단을, 연단은 소망을 이루는 줄 앎이로다"라고 말씀하고 있어. 이 구절은 고난을 통해 우리가 더 강해지고, 그 고난을 통해 인내와 연단을 배우며, 그 모든 과정이 우리에게 소망을 이루어준다는 중요한 진리를 가르치고 있어.

고난 속에서 하나님을 의지하며, 우리는 그분의 뜻을 깨닫게 되는 거야. 고난은 우리가 하나님의 은혜와 사랑을 더 깊이 이해하고, 그분의 인도를 경험하게 하는 중요한 과정이야. 고난은 결코 끝이 아니라, 하나님께서 우리에게 주시는 새로운 소망의 시작임을 믿어야 해.

고난은 하나님의 뜻을 이루기 위한 하나의 과정이다.
고난 속에서 우리가 하나님을 더욱 의지하고,
그분의 은혜를 깊이 체험하게 된다.
― 존 웨슬리 ―

하나님의 인도하심

사 59:11 우리가 곰 같이 부르짖으며 비둘기 같이 슬피 울며 정의를 바라나 없고 구원을 바라나 우리에게서 멀도다

하나님은 우리 삶의 모든 순간을 인도하시지. 우리는 때때로 길을 잃은 것처럼 느낄 때가 있지만, 하나님은 우리가 가는 길마다 항상 함께하시며, 우리를 인도하셔. 하나님은 우리의 삶에 계획을 가지고 계시며, 그 계획은 언제나 우리의 최선을 위한 것이야.

존 웨슬리는 "하나님의 인도하심은 우리의 삶에서 언제나 나타난다. 우리가 그분의 말씀에 순종할 때, 하나님은 우리가 가야 할 길을 인도해 주신다. 그의 인도하심을 신뢰하고 따라가면, 우리는 결코 길을 잃지 않는다."라고 말했어. 웨슬리는 하나님의 인도하심이 우리의 삶을 바르게 이끌어 간다고 강조했어. 그 인도를 따라가는 것이 신앙인의 삶이라고 말하면서, 하나님을 신뢰하는 삶이 얼마나 중요한지를 설명하고 있어.

어거스틴도 "하나님의 인도하심은 우리가 찾을 수 없을 때도 그분은 항상 우리와 함께하신다. 우리가 하나님을 의지할 때, 그분은 우

리가 가야 할 길을 밝혀주시고, 우리는 그 길을 따를 수 있다." 이렇게 말했지. 어거스틴은 하나님의 인도하심을 믿고 의지할 때, 그 인도하심이 우리의 삶을 더 밝고 확실하게 만들어 준다고 말했어.

하나님의 인도하심이 우리의 삶에서 하나님의 영광을 드러내는 길로 이끌어가는 거야.

시편 23편 1-3절에서 "여호와는 나의 목자시니 내게 부족함이 없으리로다 그가 나를 푸른 풀밭에 누이시며 쉴 만한 물 가로 인도하시는도다 내 영혼을 소생시키고 자기 이름을 위하여 의의 길로 인도하시는도다"라고 말씀하고 있어. 이 구절은 하나님이 우리의 목자가 되어 우리를 인도하시며, 우리는 그분의 인도하심을 통해 평안과 소망을 얻는다고 말하고 있지.

하나님의 인도하심을 따라가는 것은 신앙인의 가장 중요한 길이야. 우리는 하나님을 의지하며 그분의 인도하심을 믿고 따라가야 해. 그분의 인도는 항상 우리를 위한 최선의 길로 인도하며, 우리가 그 길을 따를 때, 하나님은 우리의 삶에 평안과 소망을 주시지.

하나님은 우리를 인도하시고, 그분의 인도하심을 따라 우리가 가는 길은 반드시 그분의 뜻을 이루게 된다. 하나님은 우리가 어떤 길을 가든지 그 길을 통해 우리가 그분의 영광을 드러낼 수 있도록 하신다.
― 본회퍼 ―

하나님의 사랑 안에서의 자유

요 8:32 진리를 알지니 진리가 너희를 자유롭게 하리라

하나님의 사랑 안에서의 자유는 우리가 세상과 죄에서 풀려나는 것을 의미해. 이 자유는 단순히 우리가 원하는 대로 살아가는 것이 아니야. 오히려, 하나님의 사랑 안에서 우리가 하나님과의 관계에서 진정한 자유를 발견하는 것이지.

하나님의 사랑이 진정한 자유를 가져다주며, 하나님을 사랑할 때만이 우리가 진정한 자유를 누릴 수 있어.

어거스틴은 하나님의 사랑과 자유에 대해 "우리가 하나님의 사랑을 알고, 그 사랑 안에 있을 때, 우리는 세상의 속박에서 벗어나 진정한 자유를 얻는다. 하나님께서 우리를 자유롭게 하실 때, 우리는 그 자유 속에서 그분의 뜻을 이루어가는 삶을 살게 된다."라고 말하고 있어. 어거스틴은 하나님의 사랑 안에서 우리가 진정한 자유를 누릴 수 있음을 강조하며, 그 사랑이 우리를 진정으로 해방시킨다고 말했어.

본회퍼도 하나님의 사랑과 자유에 대해 "하나님의 사랑은 우리를

죄와 세상의 속박에서 벗어나게 하고, 그 사랑 안에서 우리는 자유를 찾는다. 우리가 하나님의 사랑을 온전히 받아들일 때, 우리는 그 사랑을 통해 자유로워진다." 이렇게 말했지. 본회퍼는 하나님의 사랑이 우리를 자유롭게 한다는 사실을 말하며, 그 사랑이 우리의 삶을 변화시키고, 우리가 그 사랑 안에서 자유롭게 살 수 있음을 강조해.

로마서 8장 1-2절에서는 "그러므로 이제 그리스도 예수 안에 있는 자에게는 결코 정죄함이 없나니 이는 그리스도 예수 안에 있는 생명의 성령의 법이 죄와 사망의 법에서 너를 해방하였음이라"라고 말씀하고 있어. 이 구절은 그리스도 안에 있을 때 우리가 자유롭게 되며, 우리의 죄와 사망의 법에서 벗어난다는 큰 진리를 가르쳐 주지.

하나님의 사랑 안에서 우리는 진정한 자유를 경험하게 되지. 우리가 하나님의 사랑을 알고 그 사랑을 받아들일 때, 세상과 죄의 속박에서 벗어나 진정한 자유를 누릴 수 있어. 하나님의 사랑은 우리에게 참된 자유를 주며, 그 사랑 안에서 우리는 하나님의 뜻을 이루어가는 삶을 살게 되는 거야.

하나님의 사랑은 우리가 모든 죄와 세상에서 벗어나게 하며, 그 사랑 안에서
우리가 진정한 자유를 경험하게 한다. 하나님의 사랑을 알 때,
우리는 그 사랑에 이끌려 자유롭게 살아갈 수 있다.
- 존 웨슬리 -

하나님과의 친밀한 교제

렘 33:3 너는 내게 부르짖으라 내가 네게 응답하겠고 네가 알지 못하는 크고 은밀한 일을 네게 보이리라

하나님과의 친밀한 교제는 우리 신앙의 근본적인 부분이야. 우리는 하나님과의 교제를 통해 그분의 뜻을 알고, 그분과 더 깊은 관계를 맺을 수 있어. 이 교제는 기도와 말씀을 통해 이루어지며, 하나님과의 교제를 소중히 여길 때 우리의 신앙은 더 깊어지고 강해지지.

존 웨슬리는 하나님과의 교제에 대해 "하나님과의 교제는 우리가 기도와 말씀을 통해 이루어진다. 그분의 뜻을 알기 위해 기도하며, 그분의 말씀을 묵상하는 것만이 진정한 교제의 길이다."라고 말했어. 웨슬리는 기도와 말씀을 통한 하나님과의 교제가 신앙의 핵심임을 강조하지. 하나님과의 관계가 깊어질수록 우리는 하나님의 뜻에 더 민감해지고, 그분의 음성을 더 잘 들을 수 있게 되는 거야.

어거스틴도 하나님과의 교제에 대해 "하나님과의 교제는 우리의 영혼이 하나님과 깊은 대화를 나누는 것이다. 그 대화는 우리가 말씀을 읽고 기도할 때마다 이루어진다. 우리는 그 교제를 통해 하나님의

뜻을 깨닫고, 그분의 사랑을 경험한다." 이렇게 말했지. 어거스틴은 하나님과의 교제가 우리의 영혼을 풍성하게 하고, 그 교제 속에서 하나님을 더욱 사랑하게 된다고 말했어.

하나님과 교제가 우리의 삶 속에서 실천될 때, 그 교제가 진정한 의미를 갖게 되지.

요한복음 15장 7절에서는 "너희가 내 안에 거하고 내 말이 너희 안에 거하면 무엇이든지 원하는 대로 구하라 그리하면 이루리라"라고 말씀하고 있어. 이 구절은 하나님과의 친밀한 교제 속에서 우리가 하나님과 하나 되어, 우리의 기도와 소망이 그분의 뜻에 맞춰 이루어진다고 가르쳐주지.

하나님과의 교제는 우리의 신앙을 살아있게 해. 우리가 하나님과의 교제를 통해 그분의 뜻을 알아가고, 그 뜻을 우리의 삶에 실천할 때, 우리의 삶은 풍성하고 의미 있는 삶이 되는 거야. 하나님과 교제를 소중히 여기고, 그분과 더 깊은 관계를 맺어가자.

하나님과의 교제는 단순히 말로만 이루어지는 것이 아니다.
그것은 우리의 삶 속에서 하나님을 온전히 의지하고,
그분과 함께하는 삶을 사는 것이다.
— 본회퍼 —

천하무적 전지전능

사 41:13 이는 나 여호와 너의 하나님이 네 오른손을 붙들고 네게 이르기를 두려워하지 말라 내가 너를 도우리라 할 것임이니라

우리는 종종 인생에서 맞닥뜨리는 문제들 앞에 좌절하고, 무력감을 느낄 때가 많아. 우리는 때로 자신의 한계를 절실히 깨닫고, 무슨 일이든 하나님이 함께 계시다는 것을 믿고 싶어도 현실은 우리를 흔들어 놓지. 하지만 이사야 41장 13절에서 하나님은 우리에게 강하게 다가오시지. 그분은 전능하시며, 그분의 능력은 세상의 어떤 어려움도 이겨낼 수 있게 만들어.

하나님은 이 세상의 창조자이시며, 모든 것을 다스리시는 분이야. 우리는 그분이 모든 것을 다루고 있다는 사실을 깨닫지 못할 때가 많아. 우리의 한계가 분명히 보이고, 우리가 이길 수 없는 어려움 앞에서 움츠러들 때, 그때마다 하나님은 우리에게 자신이 하실 일을 약속하시지. "너희를 위해 큰일을 행할 것이라"라는 그 약속이 바로 그분의 능력이야. 하나님은 전지전능하시며, 그분의 능력은 무엇보다 강력해.

하나님의 능력은 단순한 힘을 넘어서시지. 그분의 능력은 우리에게 희망을 주고, 치유를 주며, 길을 열어줘. 우리가 아무리 약하고 연약해도, 하나님은 우리와 함께하셔서, 우리를 위대한 승리로 인도하시지. 우리는 하나님의 전능하심을 믿을 때, 그 능력이 우리의 삶에 불가능을 가능으로 바꿀 수 있게 된다는 사실을 알게 되는 거야.

하나님의 능력을 믿고 의지하는 것이 중요하며, 하나님의 능력이 우리 삶의 기적을 이끌어내지. 우리는 그 능력을 믿고 의지할 때, 우리의 모든 상황이 변화할 수 있다는 사실을 잊지 말아야 해.

하나님의 능력은 우리의 마음속 깊은 곳까지 들어가, 우리가 느끼는 무력함과 절망을 뛰어넘게 해. 하나님은 우리의 능력을 뛰어넘는 능력으로 우리를 이끄시며, 그 능력은 우리가 상상할 수 없을 정도로 크고 깊어. 하나님은 우리의 삶에 주시는 능력으로 우리는 이 세상에서 무엇이든 할 수 있지.

하나님의 능력은 우리가 무엇을 하든, 어디에 있든 그곳에서 우리를 도우시고 이끌어가셔. 우리는 그분의 능력을 믿을 때, 세상에서 무엇이든 해낼 수 있다는 용기와 믿음을 얻어. 그 능력은 우리가 맞서야 하는 모든 전쟁에서 승리하게 하며, 어두운 밤을 밝히는 빛과 같은 존재야.

이사야 40장 29절은 "피곤한 자에게는 능력을 주시며 무능한 자에게는 힘을 더하시나니"라고 말씀하고 있어. 하나님은 우리가 지친 순간, 우리가 무능하고 연약할 때 그 능력으로 우리를 일으키시고, 회복시키시며 힘을 주시지. 이 구절은 우리에게 하나님의 능력이 바로 우리의 연약함을 채워주는 존재임을 일깨워 주고 있어.

우리가 하나님의 능력을 믿고 의지할 때, 그분의 전능하신 능력은 우리가 마주하는 모든 어려움을 이겨낼 수 있는 힘이 되어주지. 하나님의 능력은 우리가 가진 한계를 뛰어넘고, 불가능을 가능으로 바꾸는 힘을 가지고 있어. 하나님은 우리와 함께 계시며, 그분의 능력으로 우리는 모든 것을 이겨낼 수 있는 거야.

이제 우리는 하나님의 능력을 믿고 의지하는 삶을 살아갈 준비가 되어야 해. 우리의 삶에서 하나님의 능력은 불가능을 가능으로 만들고, 우리를 승리로 이끌 거야.

하나님의 능력은 우리의 상상을 초월하며, 우리가 이해할 수 있는
범위를 넘어서 있다. 그러나 그분의 능력은 항상 우리에게
필요한 때에 나타나며, 우리가 그것을 필요로 할 때
가장 완벽한 방법으로 실현된다.
— C.S. 루이스 —

천하무적 전지전능 - 그분과 함께라면

사 43:2 네가 물 가운데로 지날 때에 내가 너와 함께 할 것이라 강을 건널 때에 물이 너를 침몰하지 못할 것이며 네가 불 가운데로 지날 때에 타지도 아니할 것이요 불꽃이 너를 사르지도 못하리니

우리가 살아가는 세상에서 가끔씩, 심장이 무거워지고, 길을 잃은 느낌이 들지. 모든 것이 불확실하고, 앞이 보이지 않으며, 고난이 반복되는 시점에서 우리는 자신의 힘만으로는 이겨낼 수 없음을 깨달아. 그럴 때, 하나님께서 주시는 말씀은 바로 우리의 눈을 뜨게 하는 빛과 같지. "내가 너와 함께 있어 너를 구원하리라"라는 말씀은 우리가 직면한 모든 어려움 속에서 우리의 구원자이자 보호자가 되어 주실 것임을 확신하게 만들어.

하나님은 결코 우리를 혼자 두지 않으셔. 우리가 어떤 상황에 있든, 그분은 우리가 만나는 모든 전쟁에서 함께 하시며, 승리의 길로 이끌어 주시지. 우리의 무력함 속에서도, 하나님은 우리를 붙들고, 우리가 걸어야 할 길을 보여주셔.

요한 웨슬리는 하나님께서 주시는 믿음과 힘에 대해 "하나님께서

는 우리가 미처 알지 못하는 방법으로 우리를 돕고 계시다. 우리가 연약할 때, 그분은 가장 강한 능력으로 우리를 인도하시며, 우리가 나아가야 할 길을 알려주신다."라고 말했어. 웨슬리는 하나님의 보호와 인도하심이 얼마나 강력한지를 강조했지. 그분은 우리가 느끼지 못하는 순간에도 우리를 지키시며, 우리를 결코 버리지 않으신다는 사실을 믿어야 한다고 전하고 있어.

하나님께서 말씀하시는 "너와 함께 있어"라는 말은 단순히 위로의 말이 아니야. 그분은 전능하신 하나님이시며, 우리가 그분의 손길을 의지할 때, 그 능력은 우리에게 주어지는 거야. 이 말씀은 우리에게 어떤 시련이나 고난에도 흔들리지 않게 하며, 하나님의 능력을 의지하는 마음을 심어주지. 우리는 그분과 함께라면 무엇이든 이겨낼 수 있다는 확신을 가져야 해.

시련은 가끔 우리를 시련으로 몰아가지만, 그것은 또한 하나님께서 우리에게 주신 기회야. 우리는 그분과 함께 위대한 승리를 이룰 수 있도록 하시기 위해 도전이 주어지는 거야. 그분의 손길이 우리의 손을 잡고 함께 걸어가며 어떤 장애물도 넘을 수 있도록 하시지.

하나님과 함께하는 삶이야말로 우리가 맞서야 하는 모든 도전에서 승리할 수 있는 가장 강력한 방법이야. 그분은 우리를 도와주실 것을 맹세하셨고, 우리는 그 약속을 믿고 힘을 얻어야 해.

우리의 어두운 순간에 하나님은 빛이 되어 주시지. 그분의 빛이 우리의 길을 비추며, 우리는 그 빛을 따라 나아갈 때 비로소 위대한 승리를 거둘 수 있어. 그분은 우리에게 무엇보다 강력한 보호자이시며, 어떤 상황에서도 우리와 함께하실 거야.

하나님이 우리와 함께하신다는 그 약속은 끝까지 우리를 지키고, 우리를 구원하시겠다는 믿음을 확고히 해. 그분은 우리의 손을 잡고, 우리가 헤매는 길을 인도해 주시지. 우리는 하나님을 믿고 의지할 때, 그분의 능력 안에서 무엇이든 해낼 수 있어.

이사야 43장 2절 말씀은 하나님께서 우리가 겪는 모든 시련 속에서도 함께 하시며, 우리가 넘어지지 않도록 지켜주시고 있음을 말씀하고 있어. 그분은 우리가 모든 어려움을 이겨낼 수 있게 하시며, 그 안에서 승리의 길을 열어주셔.

우리는 하나님과 함께 어떤 상황에서도 이길 수 있는 사람들이야. 그분의 능력은 우리가 생각할 수 없는 정도로 크고 깊으며, 그 능력을 의지할 때, 우리의 인생은 새로운 힘과 용기로 가득 채워질 거야.

우리는 하나님과 함께 있을 때, 그분의 능력에 의지하여 모든 두려움과
고난을 이겨낼 수 있다. 그분의 약속은 우리에게 항상 힘을 주며,
우리는 그분의 도우심을 통해 승리할 수 있다.
— 칼빈 —

천하무적 전지전능
- 너는 결코 혼자가 아니야

사 41:10 두려워하지 말라 내가 너와 함께 함이라 놀라지 말라 나는 네 하나님이 됨이라 내가 너를 굳세게 하리라 참으로 너를 도와 주리라 참으로 나의 의로운 오른손으로 너를 붙들리라

우리가 살아가는 이 세상에서 수많은 싸움과 시련이 기다리고 있지만, 한 가지 분명한 사실이 있어. 바로, 하나님이 우리와 함께하신다는 거야. 천하무적 전지전능의 하나님이 우리의 손을 잡고, 우리의 발걸음을 인도하시며, 모든 고난을 이겨내게 하신다는 것이지. 우리가 이 땅에 태어난 순간부터, 우리는 결코 혼자가 아니었어.

우리가 마주한 그 큰 시련, 이길 수 없다고 생각했던 그 어려움, 넘을 수 없을 것 같은 벽이 있을까? 그렇다면 지금, 하나님께서 우리와 함께하심을 기억해야 해. 그분은 전지전능하신 하나님이시며, 우리가 겪는 모든 고난을 아시고, 그 안에서 우리를 이끌어가시지. 하나님은 우리가 넘어지지 않도록, 그분의 능력으로 우리를 붙잡고 있어.

하나님은 우리의 모든 약함을 아시며, 그 약함을 그분의 능력으로 채우셔. 우리가 느끼는 두려움, 불안, 고통 속에서 하나님의 강한 팔

로 우리를 안아주시고, 그분의 사랑 안에서 우리는 다시 일어날 수 있게 되는 거야.

존 웨슬리는 "하나님은 우리가 그분을 의지할 때, 우리의 모든 부족함을 채우시고, 우리가 생각할 수 없는 방법으로 길을 열어주신다."라고 말했어. 웨슬리는 하나님께 의지하는 삶이야말로 우리가 겪는 모든 어려움을 이겨낼 수 있는 가장 강력한 방법이라고 말하고 있는 거야. 하나님과 함께하는 삶은 우리의 눈을 열어주며, 우리가 스스로 할 수 없는 일들을 가능하게 만들어.

하나님은 우리의 약점을 통해 강하게 하시며, 우리의 힘듦 속에서 우리를 구원하시지. 그분은 우리의 심장이 무너져 내릴 때, 우리의 눈물이 흐를 때, 그 자리에 함께 계셔서 우리의 눈물을 닦아주시고, 우리를 다시 일으켜 세우시지.

하나님은 언제나 우리를 떠나지 않으셔. 우리가 힘들고 지칠 때, 그분은 우리가 쓰러지지 않도록 붙잡고 일으켜 주시지. 어떤 상황에서도 우리와 함께하시며, 우리는 그분의 능력으로 다시 일어설 수 있어.

하나님과 함께하면 우리는 천하무적이야. 우리의 약함 속에서도 하나님의 전능한 능력이 드러나. 그분과 함께하는 길에서는 불가능이란 없으며, 우리는 절대로 혼자가 아니야. 그분은 우리의 목자가 되어 주시고, 우리의 힘이 되어 주시지.

이사야 41장 10절 말씀에서 약속하셨듯이 하나님은 우리를 결코 버리지 않으시며, 우리가 넘어지지 않도록 그분의 능력의 오른손으로 우리를 붙들고 계셔. 우리는 그분과 함께라면 세상 그 어떤 것도 두려워할 필요가 없어.

하나님은 우리의 힘이야. 우리가 그분을 믿을 때, 우리가 어떤 일이든 이룰 수 있는 능력을 부여받지. 그분은 우리와 함께하시며, 그분의 능력으로 우리는 무엇이든 할 수 있어. 이제 우리는 이 세상의 어떤 고난이나 시련도 두려워하지 말고, 하나님이 주시는 능력으로 당당하게 일어설 때, 우리의 삶에 기적을 경험하게 될 거야.

하나님은 전능하신 분이셔. 그리고 그분이 우리의 하나님이시지. 우리는 그분과 함께하며, 어떤 일이든지, 어떤 고난 속에서도, 결코 혼자가 아님을 기억해야 해.

우리는 하나님의 사랑 안에서 천하무적이야. 하나님께서 우리를 이끄시고, 우리는 그분의 능력으로 언제나 승리할 수 있어.

우리는 하나님을 믿고 의지할 때, 그분의 능력에 의지하여 모든 두려움과 고난을 이겨낼 수 있다. 하나님은 우리의 연약함을 통해, 가장 강한 힘을 주시며, 그분을 믿는 믿음으로 우리를 이끌어 가신다.
– 칼빈 –

책을 마치며

하나님께 감사드립니다. 이 책을 마무리하면서, 나는 하나님께서 주신 그 큰 사랑과 은혜에 감사하는 마음이 가득합니다. 이 책을 통해 독자 여러분들이 조금이라도 하나님의 사랑을 느꼈다면, 내가 드린 모든 글이 하나님의 영광을 위해 쓰였다면, 그 무엇보다 기쁘고 감사한 일이 아닐 수 없습니다.

하나님께서 우리를 향한 끝없는 사랑을 주셨고, 우리는 그 사랑을 나누며 이 세상에서 살아갑니다. 내가 겪었던 아픔과 슬픔, 그리고 고난들이 하나님의 뜻 안에서 치유 받고, 그분의 능력으로 일어설 수 있었다는 것을 알게 되었습니다. 그리고 그 모든 과정을 통해 하나님의 전능하심을 체험하며, 하나님의 손길이 얼마나 크고 위대한지 깨닫게 되었습니다.

하나님 아버지!
주님은 우리의 힘이시며 우리의 구원이십니다. 이 책을 통해 하나님의 사랑과 그 능력을 조금이라도 더 많은 이들에게 전달할 수 있었다면, 그것이 바로 내가 이 세상에서 해야 할 가장 큰 일이었음을 깨닫습니다. 이 만군의 주 여호와 하나님께서 나와 함께 하시기에 나는 결코 혼자가 아니며, 의의 하나님의 능한 능력을 의지하여 어떤 고난도, 어떤 어려움도 이겨낼 수 있다는 믿음을 갖게 되었습니다.

하나님!
이 책을 읽은 모든 사람에게 하나님의 사랑과 은혜가 전해지기를 기도합니다. 주님께서 그들의 삶을 인도하시고, 그들의 고난을 이겨낼 힘을 주시며, 그들의 마음에 평안을 주시기를 간절히 소망합니다. 이 책을 통해 하나님을 더 깊이 알게 되고, 주님을 의지하는 믿음이 더욱 깊어지기를 소망합니다.

하나님!
감사드립니다. 모든 영광을 하나님께 올려드리며, 주님의 사랑 안에서 나아가겠습니다. 나와 함께 하시고, 이 책을 읽은 모든 하나님의 사람들의 삶에 평화와 기쁨을 주시기를 간구합니다. 하나님의 은혜 안에서, "더 잘 할 수 없을 만큼 잘하고 있는 너에게……", 모든 영광을 주님께 드립니다.

아멘.